蛤蟆先生去看心理師

COUNSELLING *for* TOADS

A Psychological Adventure

羅伯・狄保德 Robert de Board 著　張美惠 譯

suncolor 三采文化

每個人都有屬於自己的魔法

演員　姚愛寗

在靈性學習的這幾年，生命裡有個很重要的課題即是「了解自己」，當我們靜下心來回望自己的生命，我們開始找到自己的情緒由來、看清楚哪些是自己、哪些是從父母承襲而來的慣性、哪些又是別人給予的價值觀而非自己真正的想要，我們才能拿回對自己生命的主導權。

《蛤蟆先生去看心理師》用故事的方式，將蛤蟆因為陷入生命裡的低潮，到漸漸跟隨心理師的引導，一步一步重新認識自己、認識自己的情緒、漸漸找回真正的自己。這條路並不容易，但一路上勇氣和堅定會慢慢增強，成為帶在身上的法寶。

願每位讀者都能透過這本書重新與自己的內在對話，找回自己真正的模樣。我一直相信每個人都有屬於自己的魔法，就像蛤蟆先生一樣，找回真正的自己內在的力量，魔法就能綻放！

唯有自己想改變，改變才會真的發生

諮商心理師　陳志恆

每隔一段時問，就會有人從各種管道問我，能不能幫他們介紹心理諮商的資源。也許基於信任，也許希望有所不同，他們想嘗試看看心理諮商。

當我細問之後，多半發現，他們通常是幫別人尋求協助。像是，陷入婚姻危機的先生想為鬱鬱寡歡的太太找心理師，讓她開朗樂觀點；無力的家長想為叛逆輟學又無法溝通的孩子找心理師，導正孩子的觀念與行為；熱心的老師想為沉迷網路的學生找心理師，盼能拉回迷失的孩子。還有的人，看不下去身旁的朋友持續意志消沉，想把他送去心理師那兒，好重新振作。

當我腦中盤算著如何轉介適當的心理資源時，同時也會問：「你說的那個人，有接受心理諮商的意願嗎？」得到的答案常是：「我得問問他才行！」、「恐怕沒有，我也在想，該如何說服他！」老實說，當事人沒有意願接受協助，你把他捆綁過來，再厲害的助人者也常愛莫能助。

過去，我曾在中學服務過，在學生輔導工作中接觸到的個案，常是被轉介過來的。也就是，孩子自己不覺得有困擾，但身旁師長卻感到頭痛不已。這種「非自願個案」，輔導起來有相當的難度，於是，我們會轉而向他身旁的大人進行工作，稱為「系統工作」。這麼做是有道理的，因為，有困擾的人通常比較有改變意願，而有改變意願的人，才有可能真的做出改變。

台灣是亞洲國家中，心理諮商走得相當前端的地方。目前，除了大型醫院精神科附設有心理諮商外，坊間的心理諮商所或心理治療所也越來越多。即使如此，社會大眾仍然普遍對心理諮商是什麼，一頭霧水。常常有人問我：「你們心理師只是和案主聊聊天，為什麼收費這麼貴？」

說真的，這很難回答！

但我常會說：「如果在你的生活中，能找到如心理師一樣的人與你聊聊，讓你感受到被理解、被接納，同時能拓展你的覺察、增進對自己的理解，並因此更有力量做出新的選擇，那你真的不用來找心理師。」

換句話說，許多身陷困擾的人身旁，缺少這樣的人際資源，就算有人願意提供關心，也沒辦法給予持續且深度的支持。

心理師除了提供民眾心理諮商服務外，也得教育民眾如何運用心理諮商資源，正確認識心理諮商究竟是怎麼一回事——真的不是聊聊天而已！

《蛤蟆先生去看心理師》這本書，來得正是時候，很適合正考慮去找心理師談談，但又充滿擔心、恐懼或疑惑的人閱讀。

蛤蟆先生陷入低落的情緒之中，他的好朋友鼴鼠、河鼠和老獾雖然關心他，但也沒辦法讓他振作起來。最後，他們想到要讓蛤蟆先生去找心理師談談。

在這群好友的不斷「鼓勵」（或者說是半推半就）下，蛤蟆先生照著地址去找當地的心理師蒼鷺談談。本以為心理師會滔滔不絕地給他什麼「有用」的建議，但，沒有！

蒼鷺卻問：「到底誰是我的當事人？」這巧妙的提問，一方面是在釐清，誰才是有困擾的人，需要接受心理諮商；另一方面，則是讓蛤蟆先生知道，除非你自己願意，否則心理諮商無法幫助你改變。

突然間，蛤蟆先生感覺到，他並非只能被動地接受別人的建議，然後又因做不到而挫敗無力。而是，他可以透過主動參與，為自己做些什麼。這正是心理諮商重視的——當事人得為自己的人生負起完全的責任。於是，蛤蟆先生與蒼鷺便展開了一連串「合作」的過程。

在他們一次又一次的談話中，你會發現，心理師常對當事人提出一個又一個發人深省的問題。有時候關切情緒感受，有時候關切想法念頭，目的在幫助當事人提升對自己的認識與理解，慢慢地看懂自己慣常行為模式的影響，也理解這些行為模式的起源。

不同的心理師，採取的心理諮商理論取向也不同；依據不同的理論派別，對案主採取不同的治療技術。在這本書中，蒼鷺心理師使用的是溝通分析（Transactional Analysis，簡稱ＴＡ）療法，透過這個理論觀點，帶領蛤蟆先生覺知自己在與人互動時的自我狀態，人生腳本是如何形成的，以及理解那些未被辨識出來的心理遊戲等。

讀完全書，你會知道，心理諮商不是個愉快的對談過程；你可能要去觸及那些令你感到痛苦的情感、想法或回憶。然而，你願意投入越多，你越能從心理諮商中獲益。

過去，我在學校裡服務時，常遇到一些在輔導室門口猶豫徘徊的孩子；而我知道，社會上也有許多想找心理師協助，但猶豫不決的人們。願你讀了這本書後，能更有勇氣去找心理師談談，為自己做出改變的承諾，改變才會真正的發生。

陳志恆：諮商心理師、暢銷作家，曾任國立彰化高商輔導教師、輔導主任，現為臺灣NLP學會副理事長。著有《正向聚焦》《擁抱刺蝟孩子》《受傷的孩子和壞掉的大人》《叛逆有理、獨立無罪》等暢銷書。

從被困住的情緒僵局中走出來

正向心理學專家　劉軒

「心理諮商師沒有人生的答案，但能協助你找到自己的答案。」

這句話雖然反映了心理諮商的過程，但實在很難被人理解。但看了這本書，透過作者生動巧妙的描繪，你真的能夠體會一個人如何經由諮商而更了解自己，並從被困住的情緒僵局中走出來。無論你正在考慮接受諮商、學習諮商、或自己正在從事心理相關的工作，我都非常推薦這本天才著作！

目錄

Chapter 1

＼

我感覺精神不太好

當鼴鼠走在長長的車道上，

卻吃驚地發現眼前一片荒廢的模樣。

樹籬沒有修剪，玫瑰花長滿雜草，草坪上覆滿落葉，

整個地方有種亂七八糟、無人照料的感覺。

河岸的天氣轉變了，空氣中瀰漫著一絲前所未有的不祥氣氛。烏雲籠罩著草原，陰陰沉沉，令人有種不安的感覺。幾隻鳥兒漫無目的地掠過橫籬，唱著不成調的曲子。鴨群一向總是為了誰冷落了誰或誰羞辱了誰而嘎嘎地爭執不休，現在卻也躲進蘆葦叢中，除非遭遇到嚴重的攻擊，否則一概置之不理。只有黝暗且蜿蜒的河水繼續往前流，看似不斷變化卻又亙古不變。這條河流為某些動物屏障，也成為另一些動物的高速公路。水流蘊含著強大的能量與威力，平時看似謙遜低調，唯有被輕忽時，才會顯出河流的危險重重。

在這樣鬱悶的天氣，鼴鼠決定出去走走。坦白說，和河鼠住在一起讓他覺得有些焦躁，甚至快受不了了，可是就連這樣想都會讓他感到愧疚。難道不是河鼠把他當做朋友，帶他離開沉悶的老家，介紹他認識許多親切的朋友？那些朋友多麼的有趣啊，他們的經歷又是多麼的精彩！乘船遊河、拜訪老獾，和蛤蟆駕篷車出遊，最後還扮演英雄，將莊園從野森林的黃鼠狼手中搶了回來。

但是，但是……鼴鼠發現很難確切描述他現在的感覺，只知道這一切都和他自己有關。沒錯，事實上是息息相關！他很少有機會自在地做自己，因為他永遠活在河鼠的陰影之下。當他們去乘船時，通常都是河鼠教他怎麼做，例如收槳時如何與水面平行；當船要停泊時，河鼠也會去檢查船索，看鼴鼠有沒有綁好，甚至每次都會把繩索再多繞一圈。

萬一迷路了，河鼠總是能找到路，就像那次暴風雪，他將鼴鼠從野森林裡救出來。還有一次，他們走了很長的路，恰好路過鼴鼠的老家，離家多日的鼴鼠一時百感交集、難以自抑。還不是一向有辦法的河鼠掌控大局，叫鼴鼠們買吃的、喝的，安排了一頓豐盛的晚餐，讓大家度過了一個美好的夜晚。

問題就在於河鼠確實比他能幹。說到划船，河鼠划得更好；說到打繩結，河鼠熟知各種繩結（甚至會四方編結法），而且他真的很照顧鼴鼠。儘管擁有河鼠的友誼與善意，鼴鼠還是不滿意。他寧願河鼠不要這麼能幹，能夠讓他用自己的方式去嘗試——即使做錯了也無妨。

當然，這種事並不是沒有發生過，好比第一次他坐河鼠的船，就搶著拿船槳——果然就把船弄翻了。河鼠好脾氣地把他救起來，但鼴鼠心裡想的卻是：「如果晚餐時我再聽見河鼠提起這件事，我鐵定要吼他！」

鼴鼠穿上雨衣和雨帽時心裡想著這些事。他對河鼠說：「我去找蛤蟆聊聊，幾百年沒見到他了，走走路對我也有好處。」河鼠喃讀著詩句，正在思索什麼字和「歡騰」押韻，甚至連頭都沒抬起來。但當鼴鼠將要踏出門外時，河鼠突然大聲說：「鼴鼠，小心一點，別忘了

上回你自己出去時發生什麼事！」他當然是指上次鼴鼠在野森林迷路，最後被河鼠救回來的事。鼴鼠很生氣，壓低聲音說了幾句河鼠的壞話，接著大聲說：「謝謝你，河鼠，我會小心的。」之後又小聲地加了一句：「你這個愚蠢、斜眼的鼠輩。」河鼠當然沒有聽見，他也絕非是鼴鼠說的那樣，但這樣發洩一下確實讓自己心裡舒服一些。

鼴鼠就是在這種心境下走向蛤蟆莊園，路上遇到兔子們禮貌地打招呼，他幾乎沒有回應。他知道自從來到河岸，自己已贏得他們的尊敬，沒有人會再像以前那樣向他要過路費。看誰敢！但不知是不是他的幻想，他似乎聽到有誰以討人厭的語氣說：「真奇怪，很少看到鼴鼠一個人。」

就在這樣不快樂的情緒中，他已走到了蛤蟆莊園的車道。蛤蟆莊園相當宏偉——再沒有別的字眼可形容了。最近有一本精美的本地雜誌這樣描述蛤蟆莊園：「紳士宅邸，位居河岸絕佳的隱密位置，坐享野森林之開闊視野。繁花遍野的雅緻花園，最外圍還有馬廄和其他建築。」難怪蛤蟆如此引以為傲。

但當鼴鼠走在長長的車道上，卻吃驚地發現眼前一片荒廢的模樣。樹籬沒有修剪，玫瑰花長滿雜草，草坪上覆滿落葉，整個地方有種亂七八糟、無人照料的感覺。以前在陽光下耀眼生輝的白漆褪色剝落，爬牆虎和蔓生玫瑰曾經為牆面增添豐富的色彩與生命力，此刻卻奄奄一息，像一條條黑色繩索垂掛著。一向乾淨明亮的窗戶，如今只映照出灰暗陰鬱的天氣，更加重陰森不祥的氛圍。鼴鼠不禁打了個冷顫。

他按了門鈴，鈴聲迴盪在房屋深處。無人應門，他再按一次。門鈴還是很大聲，但依舊沒有回應。鼴鼠心想：「我猜蛤蟆可能出去玩了，說不定正在俱樂部裡打撞球。」要知道蛤蟆可是打撞球的高手。

鼴鼠不想就這樣離開，於是繞過菜園，走到房子的後門。他趴在廚房窗戶望向裡面，廚房沒有人，但看得出爐子上有火。這個房間他很熟悉，裡面的椅子很舒適，他和蛤蟆曾經在冬天坐在椅子上一起喝著熱咖啡。他看到一張椅子上擺著一大堆舊衣服。突然間，衣服竟動了起來！鼴鼠生性膽小，正想要逃到菜園，這時衣服掉到地上，竟然是……蛤蟆！

鼴鼠用力拉後門，沒想到門根本沒鎖。裡面坐著的是認識以來最悲傷的蛤蟆。蛤蟆的大眼睛這時半睜著，神色暗淡無光。平常居家愛穿的板球毛衣沾了好些食物的汙漬。而一向合身又一塵不染的燈籠褲，這時看起來卻像兩只馬鈴薯袋鬆垮垮垂著。

蛤蟆說：「你好，不好意思亂糟糟的，我感覺精神不太好。」說完便放聲大哭了出來。

Chapter 2

友誼萬歲

鼴鼠將蛤蟆的情形一五一十地告訴了河鼠，

之後兩個好友的話題全環繞著這件事，

不時發出「嘖嘖」聲或是討論。

漸漸地，談話漸歇，

他們各自注視的火光，沉浸在自己的思緒裡。

鼴鼠從蛤蟆莊園走回來，心中卻亂成一團。蛤蟆平常是那麼神采奕奕、一點小事就容易興奮，怎麼會讓自己變成可憐兮兮的樣子？

鼴鼠回想多年來他和蛤蟆共度的美好時光。蛤蟆無論做什麼，總是會將自己打扮得很光鮮，幾乎到了滑稽的地步。鼴鼠尤其記得蛤蟆對汽車深深執迷，還有全套兜風裝扮：寬大的格子外套和披風，外罩亞麻長大衣，配套的帽子反過來戴，臉上的護目鏡，還配上長長的黃色皮手套。

當時老獾嘲弄蛤蟆的打扮，不屑一顧地說他奇裝異服，沒有哪個自愛的動物會願意和他站在一起。鼴鼠倒是覺得，和自己平常穿的暗淡黑色休閒便服比起來，蛤蟆顯得非常拉風醒目。

鼴鼠意識到，蛤蟆會變得這麼邋塌，代表精神和內在正經歷重大的改變。他以前那種時髦、甚至有時稍嫌誇張的打扮，展現出特有的活力和生趣，活脫脫是一隻非凡的蛤蟆：鮮豔的斜紋呢夾克、寬鬆燈籠褲，搭配李安德划船俱樂部（Leander Club）的粉紅色領結。對比現在這隻不梳洗，整天蓬頭垢面，毛衣上還沾黏著食物碎屑的蛤蟆，到底處在什麼樣的情緒狀態呢？鼴鼠更無法接受的是，平常總愛噴點高級古龍水的蛤蟆，現在身上竟然有些怪味。

吃過晚餐後，河鼠與鼴鼠坐在通紅的火爐前，一邊烘暖腳趾，一邊啜飲熱甜酒。鼴鼠當然將蛤蟆的情形一五一十地告訴了河鼠，之後兩個好友的話題全環繞著這件事，不時發出「嘖嘖」聲，或是討論「我們可以做什麼？」和「究竟發生了什麼事？」。漸漸地，談話漸歇，他們各自注視的火光，沉浸在自己的思緒裡。

終於，河鼠拿起本地週報，漫不經心地翻閱。就在鼴鼠快睡著的時候，河鼠突然直挺挺地坐了起來。

「鼴鼠，你聽！」他用命令的語氣說。

「噢，河鼠，你又在看那些小廣告了？」鼴鼠愛睏地說。河鼠喜歡注意哪裡可以撿便宜，但卻很少找到。

「別吵！」河鼠很少這麼嚴厲地說話，「聽著。」然後他開始朗讀《河岸號角報》上的一則廣告：

「合格諮商師誠摯歡迎新來訪者。凡有個人問題且感到不快樂或深陷痛苦，歡迎來電預約：蒼鷺小屋五七六號。」

「哦，」鼴鼠並沒有很認真聽，「那又怎樣？」

「你這愚蠢的傢伙！」這不是河鼠第一次這樣罵他了，「你看不出來嗎？這說不定可以幫助可憐的蛤蟆！」

這時鼴鼠全醒了。「你該不會認為蛤蟆是心理有問題吧？他也許只是腸胃不舒服，你也知道他多愛吃，還愛喝。」

的確，蛤蟆有時「太超過」——按照他自己的說法——大家都知道他飲酒過量。河鼠和鼴鼠很少喝超過一杯無甜味的雪莉酒或啤酒，以他們嚴格的道德觀來看，蛤蟆偶爾的飲酒作樂確實是過了頭。

河鼠說：「我自己是簡單又率真的動物，不敢說了解這些事。」（這時鼴鼠開始對著杯子大咳起來，解釋說是不小心嗆到了。）

河鼠繼續說：「但我很擔心蛤蟆，不如我們倆明天一起去看看他。我擔憂他會做傻事。」河鼠雖然沒有明確解釋這句話的意思，但他們心照不宣地交換了擔憂的眼神。

「更重要的是，我認為我們應該拿這份廣告給他看，勸他一定去試試看。」

「你想他會願意嗎？」鼴鼠問：「畢竟他個性非常自我和固執，很有自己的想法。」

「你說得對，」河鼠表示同意，「但如果他真的處於你形容的心理狀態，一定很容易被我們說動！」

約定好後，兩人雖已各自上床，卻對明天的事憂心重重，不知道蛤蟆對他們的好意會有什麼反應。但不管蛤蟆喜不喜歡，他們決定要幫到底。

於是，隔天早上用完早餐後，鼴鼠再次快步走在通往蛤蟆莊園的路上，不同的是這一次有河鼠陪伴。他們一邊走，一邊再次討論蛤蟆的狀況，包括什麼原因可能造成他如此不快樂，以及該如何幫助他。河鼠拿著刊登諮商廣告的報紙，雖然鼴鼠早就將電話號碼記住了。突然間，一個低沉的聲音從他們左邊冒出：「河鼠，親愛的小傢伙！還

有鼴鼠，你們倆在這裡做什麼呀？」

鼴鼠嚇一大跳，河鼠說：「別怕，是老獾啦！」他們望向左邊的林子，老獾黑白相間的頭先露出來，然後是全身。

河鼠說：「嗨，老獾，想不到會遇見你！我還以為你在家睡……」他話說到一半停住，「我是說在家工作。」

「我是在工作，但這邊有正事要辦，是一件土地規劃申請案，因為我是地方議會議員，」（獾將地方議會這四個字說得特別重），「我想還是親自過來調查一下。」接著他以一貫的和善語氣問：「但你們怎麼會在這裡？你們倆的表情看起來好沉重。」

林子裡有一塊空地，三隻動物坐了下來，鼴鼠在河鼠的協助下將蛤蟆的悲慘狀況告訴老獾，表明此刻他們正要前去幫助那可憐的蛤蟆。老獾的表情變得很嚴肅。

他說：「我一點都不驚訝，照理說是不應該批評朋友，可是（鼴鼠就在等這個『可是』），我早就預料會有這一天。蛤蟆確實有很多優點，細節我就不多說了，可是他本質上其實既脆弱又不穩定。過去總有朋友給他很好的建議，明確告訴他應該怎麼做，可是少了朋友在身邊，他便放任自己被愚蠢、病態的念頭牽著鼻子走。所以，我要跟你們一起去做這件好事。必須明明白白告訴他：他得振作起來！」

老獾的積極與堅定讓鼴鼠和河鼠精神大振，三個好友——老獾在中間一起攜手，堅定地朝蛤蟆莊園前進。幸運的蛤蟆！馬上就要有貴人上門了！

Chapter 3

蒼鷺小屋

心理諮商向來是一個自發的過程，

諮商師和當事人都必須出於自願。

也就是說，只有當你是為自己而不是為了

取悅朋友們才想諮商的時候，我們才能真正合作。

其後幾天所發生的事若要一一細數，恐怕太花時間。總之，幾個朋友先是細心照料蛤蟆，鼓勵他，然後以相當嚴肅的語氣告訴他要振作起來，還清清楚楚地描繪他所面對的是多麼灰色、暗淡的未來，除非他「控制好自己的情緒」（瞧老獾說得多好）。

但這些對蛤蟆都沒有任何效果，他盡可能做出回應，但已完全看不到往昔那個充滿活力的蛤蟆——以前的他總是迫不及待要反駁朋友善意的勸告。如今，那個活力蛤蟆卻連個影子都不剩了。蛤蟆依舊悲傷、沮喪，朋友愈是提供詳盡的勸告，他愈是悲傷、沮喪。

最後老獾再也看不下去了。這令人欽佩的朋友雖善於勸說，卻不太有耐性。

「聽著，你不能再這樣下去。我們都在努力幫你，但你似乎不願意幫你自己（或是不能，鼴鼠敏銳地察覺到）。現在只剩最後一個方法了：你必須接受諮商！」

現場一片震驚與沉默，就連蛤蟆都坐得挺直一些。在場沒有誰真正了解什麼是諮商，只知道是經歷過嚴重或可怕事件的人所進行的某種神祕的活動。河鼠骨子裡還是有點保守，他說：「你真的認為蛤蟆有那麼糟糕嗎？我的意思是，你不覺得這個心理諮商的事有點太趕流行？從報紙上看來，這年頭好像每個人都在接受諮商。在我那個年代，人們心裡不舒坦時，醫生會給他吃阿斯匹靈，說不定還比較有效。」河鼠想起當初是他建議去接受諮商的，開始不安了起來。

鼴鼠說：「可是我們有本地諮商師的地址了，我們不是說好，蛤蟆應該去看看嗎？我贊同老獾的看法。」

「說得好，鼴鼠！」老獾說：「河鼠，你不必擔憂。如果蛤蟆連我提供的建議都聽不進去，表示他的健康狀況一定很糟糕。蛤蟆，我知道你有時很固執，但你看起來確實需要幫助，而這又不是朋友能提供的（雖然這讓人感到驚訝）。非常情況需要非常手段，我們得試試諮商。」

於是，經過多次電話溝通、安排、催促、請求，蛤蟆終於來到一間叫做蒼鷺小屋的房子前。這是一棟四方形的三樓建築，紅磚已褪成陶土的顏色，夾雜著幾抹斑駁的黃色，散發著老建築的歷史氣息，看起來樸素卻實用，想像應該是代代相傳的。

蛤蟆按鈴後，被引領到一間四面牆放滿書的房間，有幾張椅子和一張大書桌，書桌上放了很多東西，包括一顆陶瓷頭顱，上面寫滿了字，標示傳奇的「法勒顱相學」[1]（*Phrenology* by N.Fowler）

蒼鷺走進來，看起來高大而充滿智慧，他在蛤蟆對面的椅子坐下。向蛤蟆道早安後，靜靜地坐著看他。

蛤蟆已習慣人們對他說話，正等著蒼鷺開始長篇大論。但他什麼也沒說，這一陣沉默讓蛤蟆感到血液衝往腦子，房間裡的緊張氣氛也似乎瞬間加劇，他開始感到不自在。蒼鷺依然看著他，最後，蛤蟆再也忍不住了。

「你不打算告訴我應該怎麼做嗎？」蛤蟆哀怨地問。

「關於哪方面？」

「告訴我怎樣才能感覺好一點！」

---

1 顱相學認為可以通過測量人的頭顱來判斷人格，不具備科學性。但曾對心理學發展有過積極作用。

「你感覺不好嗎？」蒼鷺問。

「是啊！他們一定把我的情況都告訴你了吧？」

「你說的他們是誰？」蒼鷺又問。

「噢，你知道的，就是老獾、河鼠他們幾個……」說完蛤蟆便哭了起來，盡情釋放那不快的感受，他竟已不知不覺悶在心裡很久了。蒼鷺仍保持沉默，只是將一盒面紙推到他面前。過一陣子，蛤蟆終於止住哭泣，他深吸一口氣，感覺好了一點。這時，蒼鷺說話了。

「你要不要告訴我為什麼會來這裡？」

蛤蟆說：「他們要我來的，他們說我需要諮商，又剛好在報紙上看到你的名字。我已準備好傾聽你的意見，我會按照你認為最好的方式去做。我知道他們都是為我著想。」

蒼鷺調整一下坐姿，「那麼到底誰是我的當事人，是你還是他們呢？」

蛤蟆聽不太懂。

蒼鷺說：「你的朋友要你接受諮商，好減輕對你的擔憂。你想要接受幫助，似乎也是為了討好他們。所以我在想，我的當事人其實應該是你的朋友。」

蛤蟆完全被搞糊塗了，困惑全寫在臉上。

蒼鷺說：「也許我們應該釐清狀況：我們的面談將由誰來付費？」

「我早該猜到了，」蛤蟆心想：「他就像所有人一樣，只是擔憂沒人付錢。」

「這你不用擔心，」蛤蟆感覺有點像原來的他了，「老獾說錢的事他負責處理。你會拿到錢的，放一百二十個心。」

「謝謝，但這樣恐怕完全行不通。我建議這次面談之後就結束諮商，就當做學一次經驗。」諮商師說。

這是這麼多天以來，蛤蟆第一次感到憤怒。他提高嗓門說：「先生，你不能這麼做。你說你是諮商師，我為了接受諮商來這裡。我坐在這等你告訴我該怎麼做，結果你竟然說我的錢你不要。到底我還要怎麼做才能開始諮商？」

「這個問題很好，我來回答。心理諮商向來是一個自發的過程，諮商師和當事人都必須出於自願。也就是說，只有當你是為自己而不是為了取悅朋友們才想諮商的時候，我們才能真正合作。我們既同意合作之後，就得訂定契約，諮商結束後我會將發票寄給你。你瞧，這不是錢的問題。為諮商負責的只能是你，而不能是其他任何人。」

蛤蟆的腦子飛快運轉。他並不是完全了解這一番話的意思，但他意識到了一件事：他必須為自己的諮商負起責任，但他又不是諮商師！

此外，諮商師使用「合作」這兩個字，表示接下來不管發生什麼事，蛤蟆都必須積極參與。所有這些要求，都和他原先的心態差太遠了，他以為只是等著某人告訴他怎麼做就好了。這些想法讓人不安，但同時讓人興奮——也許，他真的能夠靠自己摸索出擺脫痛苦的辦法來。

彷彿經過了一世紀，蛤蟆終於開口：「抱歉我剛剛失態了，而且這不是第一次。不過我開始明白你的意思了，我願意和你合作。我們可以重新開始嗎？」

「其實我認為諮商已經開始了。」蒼鷺接著詳細說明合作進行諮商的細節。

「我們每週面談一個小時，整個諮商週期多長視情況而定。我建議從下週開始，每週二早上十點。最後一次諮商我們會回顧檢討諮商的內容，以及你學習到了什麼，到時你再考慮之後的計畫。」

「收費多少呢？」務實的蛤蟆問。

「一次四十英鎊，每次諮商結束後我會給你那個金額的發票。」停頓了好一會兒，蒼鷺又說：「你決定好了嗎？」

蛤蟆很少思考之後做決定。他要不就是一時衝動決定，事後再來懊悔，例如一時看上眼就把別人的汽車開走；要不然就是聽別人的去做（通常是老獾），最後卻感覺糟糕透頂。他倒是很想問問理性的河鼠：「河鼠，你覺得我該怎麼做？」這樣責任就從他肩頭卸下了。

蒼鷺正以一種奇特的眼神看他，似乎他能確定蛤蟆可以做出明智的決定。蛤蟆最後說：「我願意和你合作，試著了解我為什麼不快樂，以及我能怎麼做來改善這一切。我隨身帶著日記本，就敲定剛剛說的時間嗎？」

當諮商師送蛤蟆到門口時，蛤蟆轉身問他：「你認為我會好起來嗎？」

蒼鷺停下來，直視蛤蟆的眼睛說：「蛤蟆先生，如果我不相信每個人都有能力變得更好，我就不會做這一行了。我並不是說情況一定能改善，但我可以向你保證，你會擁有我百分之百全心全意的關注，我也希望你對諮商是全心投入的。如果我們倆都這樣一同努力，就可以期待正向的結果。但歸根究柢，這一切還是取決於你自己。」

蛤蟆慢慢地走在路上時，竭力揣摩諮商師這番話的意義。

Chapter 4

你這個麻煩的傢伙！

「你有過自殺的念頭嗎？」諮商師問得很直接。

提出這個問題很讓人震撼，蛤蟆聽了簡直感到害怕，

同時卻又有種鬆了口氣的感覺。

接下來的一個星期，蛤蟆感覺過得特別慢，整個人無精打采，總是很早就醒來，滿腦子悲傷、病態的想法。通常一天下來會慢慢變得比較好，但到了晚上又會開始變得相當焦慮。他強迫自己每天都要去散步，但即使沐浴在冬日的陽光裡，他所看到的一切似乎都像黑白的老舊照片。

起初，朋友會來看他，試著讓他的心情好起來。他和河鼠玩很多紙牌遊戲（撿紅點、二十一點、接龍），為了讓他開心，鼴鼠會一一報告河岸的最新消息——「你絕對無法相信，上星期水獺又鬧出什麼事」！老獾則坐著旁觀，等大家陷入沉默時，他便說起冗長但不算完全無趣的故事——關於他年輕時和蛤蟆老爸所經歷的冒險（「我們離家好幾公里，口袋裡半毛錢都沒有，這時我想到一個聰明的點子……」）。這些事結束之後，蛤蟆便筋疲力竭地上床休息，但凌晨三

點就醒來，輾轉難眠直到天明。

好不容易捱到了週二，蛤蟆前往諮商的路途中，心裡可說是充滿複雜的情緒。雖然蛤蟆對蒼鷺的感覺很矛盾，但終於可以見到諮商師了，感覺稍微放心一些。但他隨即又覺得焦慮不安，想到接下來可能發生的對話和發展，事實上，光是要讓自己來諮商就得經歷一番內心的奮戰。但如果說他從第一次面談裡學到了什麼，那就是：必須要解決的事情，只有靠自己才能解決。他開始意識到，自己最好盡快學習長大。

蛤蟆第二次坐在那間書房裡，諮商師就在他對面。同樣是一片沉默，蛤蟆再次感受到愈來愈沉重的壓力與焦慮。終於，諮商師開口了。

「蛤蟆先生，你今天感覺如何？」

「很好，謝謝。」這是蛤蟆從小被教導的回答，此刻不假思索地回應，其實不具任何意義。諮商師顯然對這種無關痛癢的話毫無興趣。

「我再問你一次，你真正的感覺是怎樣？」

蛤蟆覺得很不安，便問：「你說的『感覺』？到底是什麼意思？」

蛤蟆並非故意表現得遲鈍。就像很多人一樣，他從沒有用心思考、看待自己的情緒，也就很難用言語形容，當然更不可能描述給別人聽。事實上，他不自覺地發展出很多行為策略，成功逃避對於自我的認知。於是他成了最會「打招呼的人」，就像他最有名的開場白是熱情的「你們好啊，我的朋友們！」接著是「你一定猜不到我最近在做什麼！」又或是「快來瞧瞧這個！」因此，從來沒有人問他「你好嗎」？更沒人問他「你感覺如何」？

「你感覺如何？」對蛤蟆來說是很新奇又讓人不安的問話，尤其對方似乎真的很想知道他的答案。但蛤蟆從來沒有試過自我分析，所以還真不知道如何描述內心的狀態。

諮商師說：「我換個方式問好了，假設我們有一種溫度計可以測量你的感覺，上面的刻度從一到十。一分表示感覺糟透了，甚至想要自殺。中間是五分，表示感覺還不太差，十分表示很幸福。」諮商師旁邊有一張掛圖，他畫上「情緒溫度計」，然後將蠟筆拿給蛤蟆並說：「蛤蟆，你自認現在是幾分？」

蛤蟆毫不猶豫地在一到二之間做了標記。

「你有過自殺的念頭嗎？」諮商師問得很直接。提出這個問題很讓人震撼，蛤蟆聽了簡直感到害怕，同時卻又有種鬆了口氣的感覺。

「有，」蛤蟆的語氣很平靜，「大約三個月前，我非常沮喪，似乎完全看不到出路，我想到要做傻事。但那是鼴鼠發現我不對勁之前，那之後我雖然還是心情很低落，但再也沒有那些糟糕的念頭了。」說到這裡他似乎比較有精神了，「現在我當然不會去做那種事了。」

「那麼你現在感覺如何？」蒼鷺又再次問了那個問題。

「我感覺自己沒什麼價值，我把自己的生活搞得一團糟，不像河鼠或鼴鼠，尤其不像老獾，他們都很受人敬重。我卻像個笑話。雖然他們都說我心腸好、很有趣，而且過度慷慨。他們總說我是『老好人一個』，但我一生做到什麼了？有過什麼成就？」說到這裡，蛤蟆突然哭了起來，哭到全身顫抖。

諮商師將面紙盒推向他，過了一會兒又問：「你一直都有這樣的感覺嗎？」

「嗯，斷斷續續很長一段時間了。當然，情況比較好的時候，我也會積極投入某些事。但沒多久我就開始意志消沉，似乎又失去興趣，再度陷入這種『我所熟悉的悲傷情緒』裡頭，這也是我現在的感受。」

「那麼，這一次你認為是什麼因素讓你感到不快樂？」蒼鷺問。

「說來話長。」蛤蟆回答。

「我在聽。」蒼鷺說。

於是蛤蟆開始傾訴。

「我相信你一定知道我越獄的事，還有假扮洗衣婦、遇到平底船、搶別人的馬、偷汽車的事。這肯定不是我人生中值得自豪的時刻，但我也不會否認我做過這些蠢事。不過大家都在議論我，新聞也大肆報導，還有人拿我的故事出了一本《柳林中的風聲》的書。因此我就不再贅述——除非你問我。」蛤蟆停下來，試探性地看著蒼鷺，見他沒有回應，便繼續說下去。

「當然，那些事對我造成很大的影響，我以為我會克服的，就像我遭遇過的許多事一樣。真正讓我感到受傷的是回來之後，別人對待我的方式太可怕了。」

「有哪些事是你記憶特別深的嗎？」蒼鷺問。

「有。我無法克制地會在腦海中一次又一次地回想那些事，甚至都可以一一細數每個細節了。」

「發生什麼事？」蒼鷺問。

「我被一群流氓和多管閒事的人追捕，好不容易憑著機智逃出來，卻很倒霉地掉到河裡差點淹死。所幸河鼠把我從水裡拉出，我永遠感激他。」

蒼鷺問：「我不太明白，這為什麼會讓你不開心？」

「因為他對我的態度。」蛤蟆回答，「我急著告訴他我所經歷的一切，甚至衣服還沒乾就開始跟他說我的冒險故事。他不但沒興趣聽，還指責我『吹牛』，堅持要我趕快去換衣服，讓自己像紳士一樣體面，『如果我能夠的話』。聽聽這是什麼話！我們都幾個月沒見面了，他竟然那樣對我說話！」

「那給你什麼感覺？」蒼鷺問。

「一開始我很生氣，畢竟我受夠了在獄中被人呼來喚去的日子。但我還是很感激河鼠救了我，所以就照他的話去做。我們一起吃午餐（我快餓扁了），我將冒險過程全部告訴他。要知道，這些事可比河鼠無聊的生活精彩多了。」

「他的反應如何？」

「你絕對無法相信，他竟然說出『你看不出來你的行為有多愚蠢嗎？』的話，真的讓我很受傷，感覺像被狠狠訓了一頓。」回想起這些不愉快的事，蛤蟆的眼眶裡滿是淚。

「那你怎麼做？」蒼鷺接著再問。

「大概就是我平常的作風吧！別人對我不高興會讓我不安，然後便想試著安撫對方，讓他息怒。為了讓對方再次喜歡我，我幾乎什麼都願意做。所以我就承認我是傻瓜，還向他保證會改善我的行為。」

「有效嗎？」

「你說『有效』是什麼意思？」蛤蟆問。

「就是讓河鼠不再對你不高興。」

「我不確定，」蛤蟆說：「因為他接著告訴我一件壞消息，我的莊園被野森林的黃鼠狼霸占了。這真的讓我很生氣。我不常生氣，但那回真的氣瘋了。我想都沒想便衝過去要搶回我心愛的家，然而家已被野森林的黃鼠狼掌控住，我的腦袋差點中彈，他們還把我搭的船砸沉，因此我回到河鼠的家時又濕又累，非常喪氣。我不過才回來半天啊！不公平，太不公平了！」蛤蟆想起些不愉快的事，又開始啜泣了起來。

蒼鷺靜靜聽著這一切，專注看著蛤蟆但什麼都沒說。蛤蟆的啜泣聲漸漸轉變成吸鼻子聲，整個人看起來悲慘無比，鼻子還垂掛著鼻涕。蒼鷺再次將面紙盒遞給他，蛤蟆就像個小孩一樣，乖乖地抽幾張出來擤鼻涕和擦眼淚。過了一會兒，蒼鷺說：「這次河鼠看到你說些什麼？」

蛤蟆努力讓自己的聲音聽起來平穩一些。「河鼠看到我說些什麼？你絕無法相信，他又對我發脾氣了！說我是『磨人精』，他搞不懂我是怎麼留住朋友的。我得承認，他會惱怒是可以理解的，畢竟是他的船被弄沉了，但那不是我的錯。而且他知道我會買一艘新的給他。」最後他又以哀怨的語氣補充說：「我也確實賠他了。」

「那麼你是如何回應的？」蒼鷺問。

「我想，還是一樣吧——試著安撫他。我記得自己在他面前卑躬屈膝地承認，我太頑固、太任性了，保證將來會更謙卑、更順從。現在回想起來，簡直尷尬又難堪，想不出我怎麼說得出口。但為了讓別人不要生我的氣、責備我，我什麼話都願意說。尤其河鼠，因為我一直把他當做朋友。」蛤蟆說。

「那之後你有覺得比較好嗎？」

「好一下下。我記得那時鼴鼠走進來——大概只有他表現出對我的歷險有興趣。正當我要談到最有趣的部分，走進來一個真正讓我害怕的人。」蛤蟆接著說。

「誰？」蒼鷺問。

「老獾。」

「為什麼？」

蛤蟆立刻回答：「首先，他長得又高又大，讓人覺得盛氣凌人。每當他用那種嚴厲的眼神看我時，會讓我想起一天到晚批評我的父親。總之，正如我所預料的，老獾狠狠訓了我一頓。到現在我還記得他所說的每一句話：『蛤蟆，你這個麻煩的壞傢伙，你不覺得丟臉嗎？你父親若知道這些事會怎麼說？』他的責難真的讓我難過到流眼淚，一句話都說不出來。」

說到這裡蛤蟆停下來，幾乎無法承受這些不愉快的記憶，努力把要奪眶而出的眼淚憋住。一會兒，他終於能繼續說下去：「老獾說，過去的就讓過去，接著我們便開始擬定計畫，要在當天晚上將蛤蟆莊園搶回來。老獾儼然是領導者，雖然要搶救的是我的房子。我倒不介意，畢竟老獾儘管有種種缺點，但確實是天生的領導者。問題是他似乎總是故意要羞辱我。」

「他怎麼羞辱你？」蒼鷺問。

「他告訴我們有一條祕密通道通到蛤蟆莊園。這事我完全不知道，老獾說是我父親告訴他的。重點是他稱讚我父親『品格高尚，比我能想到的某些人高尚許多』，說這句話時他直視著我，讓我感覺極度不自在。」蛤蟆再度停下來，嚥了下口水，大聲吸氣，在在顯示他正勇敢抗拒那些沉重到難以負荷的情緒。許久，他終於繼續說下去。

「但彷彿這樣還不夠，他還說，我父親叫他不要告訴我，因為……我還記得他的確切用語：『他是個好孩子，但性格很不穩重，又沒定性！』當時所有的人都看著我，我裝做很勇敢，顧左右而言他地掩飾我的尷尬，但內心覺得被狠狠羞辱了。」蛤蟆停了下來，回想那些不愉快的往事。

過了一會兒，蒼鷺問：「還有別的事嗎？」

蛤蟆回答：「有，但我不想說了，這會讓我太難過。總之，你可以看得出來我為什麼開始感到悲慘了吧。每個人都對我那麼壞，但這又不是我的錯。」

長長的沉默，期間雙方都沒有說話。然後蒼鷺開口說：「或許我們可以在這裡停一下，看看是否能從中學到什麼。」

蛤蟆問：「你不介意我起來走一走吧？我的背部有點痛。」

蒼鷺的表情很嚴肅，「蛤蟆，不能由我來允許你要不要做什麼。你自己想要做什麼？」

「我想要起來走走！」蛤蟆的語氣比較有精神了，然後又壓低聲音加了一句：「我他媽的真的要起來走走！」

「聽了你的故事之後，我要問一個問題。」

「什麼問題？」蛤蟆再次坐下。

「發生這些事情時，你是處於何種狀態？」

「我不明白，你所謂『狀態』什麼意思？」

「我是說在你剛剛敘述的事件發生時，你的感覺與反應可以用哪些話來形容？」蒼鷺說明。

「我已經告訴你啦，我感覺很不快樂、難過、愧疚、飽受批評。」

「那麼，我再問你一次，當時的你是處於何種狀態？」

蛤蟆靜靜地坐著並陷入了深思。他從沒有專注思考的習慣，但在諮商師一再詢問之下，此刻他在腦海中回顧那些不開心的事，思索著是否能從每件事裡學到某種普遍的道理。

「我想，」蛤蟆緩緩地說：「可以說我當時的感受就像小時候一樣。難道我感覺自己像個孩子？你的意思是這樣嗎？」

「重要的是你的看法，蛤蟆，你自己感覺是這樣嗎？」蒼鷺問。

「是，沒錯，就是這樣。」蛤蟆的語氣聽起來比之前更肯定，「那正是我當時的感受，小時候，我被父親嚴厲訓斥時就是這種感覺。」

「那麼，我們就把它稱之為兒童自我狀態（Child Ego State）。」蒼鷺說。

蛤蟆一臉困惑。

蒼鷺繼續說明：「意思其實很簡單。你應該記得以前在學校讀過『自我』（ego）是拉丁文的『我』。當我們問某人處於何種狀態，其實是在問他處於何種『存在的模式』。因此，當我說某人處於兒童自我狀態時，是指他的行為與感覺都像個孩子，這不是『幼稚』，而是『像孩子』一樣。」

「我大概明白了，但處於兒童狀態是不好的嗎？」

「無所謂好或不好，只是描述一個人真正的模樣。也許更應該探討的問題是：『處於兒童狀態會有什麼樣的效果？』」蒼鷺回答。

「好吧，」蛤蟆說，「我覺得這個問題對我沒什麼幫助，因為一個人會處於某種狀態是無法控制的，所以探討效果根本沒有意義，效果如何顯然要看你是哪一種人，而那是你無法控制的。」

「是嗎？你現在處於兒童狀態嗎？」蒼鷺問他。

「當然不是，我在和你對談。」

「所以是為什麼呢？」

「我不知道為什麼，」蛤蟆有些煩躁了，「我希望你不要挑我的毛病了。這樣不公平，你問了我那麼多問題，搞得我的頭好痛，我又不是心理學家。」

「既然這樣，那我們今天最好先到此為止。」蒼鷺說。就這樣，他們結束了面談。

Chapter 5

成長的寓言

不知為什麼，

蒼鷺傾聽並且不斷地提出問題刺激他的方式，

使得蛤蟆察覺到自己的種種想法和感受。

漸漸地，他學會探索與檢視自己……

一週後，蛤蟆與諮商師再次見面，蛤蟆坐上了老位子。他很驚訝自己這麼快就習慣了這種固定的見面模式，甚至認為那是「他的」椅子。有時候他會好奇是否有別人坐過，或者這間諮商室只為了他提供每周一次的使用而已？

但諮商過程中最讓他印象深刻的，是他能獲得蒼鷺完全的關注。蛤蟆這才發現，自己這輩子從來沒有任何人如此全心全意專注在他身上。至於他是否也是如此專注在別人身上，那是另一個有待探討的問題。

蒼鷺總是從頭到尾都非常專心地聽蛤蟆說話，彷彿在那一小時裡，他整個人全心全意投注在蛤蟆身上，只專注蛤蟆的情況，其餘的一概不關心。所以，蛤蟆不必老是問：「你明白我的意思嗎？」或「我說得夠清楚嗎？」這些習慣用語，是他為自己表達不清時所用的。

只要蛤蟆找到適當的詞彙形容他的想法，蒼鷺都會傾聽並理解。蒼鷺若無法理解便會直接提出，蛤蟆就必須釐清自己的意思，尋找其他語句更精確地表達意思。

不知為什麼，蒼鷺傾聽並且不斷地提出問題刺激他的方式，使得蛤蟆察覺到自己的種種想法和感受。漸漸地，他學會探索與檢視自己，以前他根本想不到要這樣做，換句話說，蛤蟆開啟了學習模式。

蒼鷺問：「蛤蟆，你感覺如何？」這個問題已經不再讓蛤蟆驚訝，實際上，他甚至開始期待這個問題。

「感覺不太一樣，」蛤蟆回答，「雖然情緒還是很低落，但我發現自己不斷想著上一次的面談時，你提到的『兒童自我狀態』。我們這次還會談那個嗎？」

「是的，我希望和你一起探討，但我必須轉換角色。」蒼鷺說。

「你的意思是？」蛤蟆問。

「意思是我的行為方式會不一樣。如果我要教你認識什麼是兒童自我狀態，就必須扮演老師的角色。老師與諮商師的差異是，我必須變成敘述者，而不是傾聽者。如果我能成功教會你理解兒童自我狀態，你就能運用這個概念來探索自我和你個人的經驗。記住，能實踐的理論才是好的理論！」

蛤蟆還在努力思索他的意思，蒼鷺已站了起來，走到掛圖前。

他開始解說：「兒童自我狀態是由我們童年殘留的遺跡所構成，包含我們小時候經驗過的所有情感。別忘了，我們出生時只有幾種非常基本的情緒。幼年時，這些基本情緒逐漸發展成更細膩、複雜的行為模式，這些行為模式成為自我的核心，融為自身的一部分，定義了我們一生的行為。其後當我們每個人碰到不一樣的情形與場景時，就會激發我們的基本行為模式，讓我們自動做出反應，所以我們會和小時候一樣去感覺與行動。具體的情形和場景因人而異。」

「請你再解釋得清楚一點好嗎？」蛤蟆問。

「當然，我是說我們與生俱來這些基本的情緒，有點類似紅、黃、藍三原色，對所有的嬰兒來說都是類似的。但隨著個體開始發展的時候，我們的情緒與反應都會變得越來越個人化，正如這幾種基本原色混合在一起，就會產生各式各樣微妙的色調與色差。這樣說能理解嗎？」

「嗯，我可以理解。」蛤蟆說。

「那麼，你認為這些基本的情緒是什麼？」蒼鷺問。

蛤蟆皺眉又搔頭，想不出答案。

蒼鷺說：「這樣想好了，我知道你未婚，但你有甥姪嗎？」

「當然有。我都記得他們的生日，而且聖誕節時我很喜歡買禮物去看他們。我想他們還蠻喜歡我的。」

「很好，那麼你會如何定義他們的基本情緒？」蒼鷺又問。

「呃……他們通常都是到處亂跑，玩得很開心。真不知道他們哪來那麼多的精力！當我帶著一堆禮物去時，他們會撲過來，給我最熱情的親吻和擁抱。真的很開心！」蛤蟆接著說：「別誤會，他們不只是為了禮物才這樣，我每次去都得到同樣的歡迎。他們就是充滿熱情的孩子。」

「我相信一定是的，」蒼鷺說：「我們把它寫下來。」他走到掛圖前寫下標題「兒童的基本情緒」，底下寫著「快樂又熱情」。

「還有嗎？」蒼鷺問。

「他們也會對彼此發脾氣，有一次他們打架打得太激烈了，甚至必須出手將他們拉開。小孩子壞起來有時真像是小惡魔！」蛤蟆說。

「所以這是另一種基本情緒。」蒼鷺在掛圖上寫下：「憤怒」。

蛤蟆說：「沒錯，我非常同意。」

「你還能想到別的嗎？」蒼鷺問。

蛤蟆想了一會兒，說：「有點想不出來了。」

「試著用另一種方式思考，有哪些基本情緒是我們與生俱來、自然而然就會表現出來，不需要學習的？」蒼鷺說。

「我不確定你說的是不是這個，但我那些姪子姪女很容易難過和悲傷。我記得上一次去時，他們正在哭，因為小狗剛死掉。我試著安慰他們，但是沒什麼用，到後來連我自己也哭了。你知道，我的心很軟的。」蛤蟆擤擤鼻子，撥一撥領結，眼睛泛著淚光。

「那似乎是很基本的情緒，」蒼鷺在掛圖上寫下：「悲傷」。

「還有嗎？」

蛤蟆搖搖頭，「想不到了。」

蒼鷺問：「恐懼呢？在我的經驗裡，孩子們的膽子很小，你很容易就會嚇到他們。讓人難以置信的是，有些大人似乎很喜歡這麼做，但那是另一個話題。至少，你同意恐懼是基本情緒吧？」

「當然，我還記得很小的時候，第一次做噩夢尖叫醒來，並沒有人教我，但我自己就這麼做了。這是與生俱來的。」

「沒錯，我想這樣就可以全部列出來了。」他加上「恐懼」。

掛圖最後是這樣寫的：

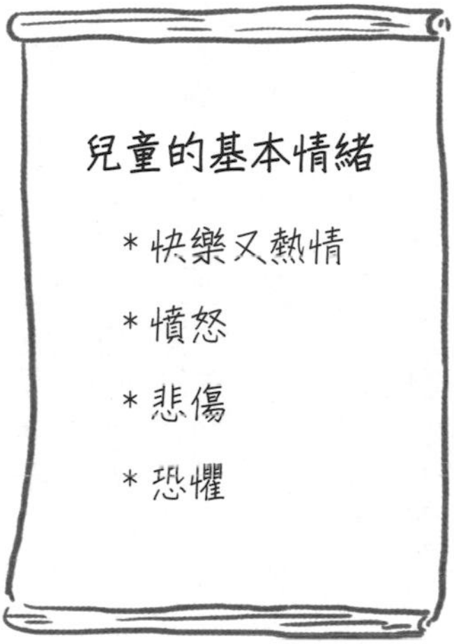

「所有這些情緒加在一起，就構成所謂的『自然型兒童』，這是整個『兒童自我狀態』的重要組成部分。」蒼鷺解釋。

蛤蟆問：「那麼，當我看到一個人很熱情或憤怒或悲傷或恐懼，就可以說他是處於『自然型兒童』的狀態，是嗎？」

「正是如此。不過憤怒更為複雜，我們稍後會就這個情緒多加探討。」

「一個人無論年紀多大，都可能處於兒童狀態嗎？」蛤蟆問。

「確實，人們會進入兒童狀態，他們的感受與行為都與小時候的自己如出一轍，這與實際年齡無關。」

蛤蟆陷入深思，在許久的沉默之後，他終於說話了：「我想我經常處於兒童自我狀態裡。」說完，又陷入沉默。

蒼鷺說：「但我們只探討了問題的一半。」

「什麼意思？關於兒童自我狀態還有別的要說嗎？」

「當然，還有很多。剛剛說兒童的自然行為包含這些基本情緒。」蒼鷺指指掛圖上的列表。

「舉例來說，嬰兒為了獲得食物和關注會嚎啕大哭，會盡可能地喝奶，喝飽後就心滿意足地睡覺了。從出生第一天開始，這些天生的情緒便開始運作了，隨著嬰兒逐漸長大，他的情緒也隨之發展與成長。」蒼鷺說。

「但在這過程中，還會受到其他因素的影響，其中最重要的是嬰兒的父母——他們從一開始就對這個孩子的意識產生影響。嬰兒所做的每一件事幾乎都會引發父親或母親的反應，這些反應對孩子具有深遠的影響。面對哭鬧的嬰兒，通常母親的反應是給予愛與安撫，但也有的父母可能是缺乏愛心的。例如母親太累或甚至生病，就會表現得較為嚴厲。或者父親對兒童應有的教養抱持嚴格的標準，會刻意無視嬰兒的哭泣，以免『寵壞』小孩。」

蛤蟆若有所思地說：「這讓人想到孩子是多麼脆弱啊，我以前從來沒有想過父母對子女的影響有多大。他們對子女擁有完全的掌控權，他們可以寵愛或拋棄孩子，也可以擁抱或虐待孩子。你擁有什麼樣的父母，就像買彩券一樣全憑運氣。」

蛤蟆靜靜坐著，深思自己的童年，回想童年時自己的感受。過了一會兒，蒼鷺再次說話。

「你說得很對，多數父母都是盡最大的努力來養育孩子，很少有父母要故意傷害自己的孩子。但父母也是人，不可避免地會將觀念與行為傳遞給下一代，就像他們必然會將自己的基因傳給子女一樣。所以子女要學會的是，如何因應與避免受到不好的影響。」

「但要如何學習因應？」蛤蟆這時已相當有精神，顯然他在認真思索。「嬰兒和幼兒無法理性思考，他們不可能坐下來計畫如何因應父母的行為。」他的語氣相當強烈，彷彿討論的不是兒童心理學裡深奧難解的論點，而是攸關個人的問題。事實也的確是如此。

蒼鷺說：「當然，嬰幼兒無法理性或有意識地思考這些問題，但會從經驗中學習。這種學習不僅和腦部活動有關，更牽涉到全部的自我。我們學習的是一種生存的策略，並會發展出一套行為來面對父母及其他人。如果夠幸運的話，還會有足夠的精力享受人生。」

蒼鷺停了一下繼續說：「也就是說每個嬰兒都必須學習調整他的基本行為，來應對自己所處的初始狀況，這種調適就成為日後成長與發展其他行為的基礎。當然，人生階段還會受其他事件影響，但這些早期的經驗會形塑出人格的雛型，那是我們永遠無法否定或忘記的。」

蛤蟆問：「你可以講慢一點嗎？我剛開始覺得有點了解了，你就又講到別的地方。」

蒼鷺微笑說：「對不起，談到這些事我便忍不住說個不停，但我相信這很重要。蛤蟆，了解你的童年就是了解你自己的關鍵線索，這將貫穿我們諮商的整個過程。就如同佛洛伊德所說：『凡是本我所在之處，自我必相隨。』這句話我以後再解釋。蛤蟆，你有哪一點特別不了解的？」

「你說我們在嬰兒期開始學習因應生活環境時，就必須對自己天生的行為做出調整。這是什麼意思？」蛤蟆再問。

「這個問題很好，我講一則小故事來回答。這是科幻故事，你可以天馬行空地想像。」

蒼鷺接著說：「想像在一顆小星球上只有三個人，你和另外兩個人。那兩個人比你高一倍以上，你完全仰賴他們，不只是食物，還有情感的需求。他們通常對你不錯，你也以愛來回應。但有時候他們會生你的氣，讓你感到害怕、不快樂。他們是那樣的高大、有力，所以你感到很無助。你怎麼看這個故事？」

「我不太喜歡這個故事，如果是我，我會建造一艘太空船，以最快速度逃離那兩個人。」

「不幸的是，你無法逃離，因此你只能忍受那個情況，學習以最好的方式因應。」

蛤蟆這時已明白這個故事的真義：「換句話說，我必須學習調整我的行為，來因應這個情況。」

「很好，你真的學習到了。你應該已經明白，這個故事是關於嬰兒時期的寓言。從呱呱落地開始，我們的生命裡只和另外兩個人在一起，有時甚至只有一個人。他們比我們巨大很多，我們完全仰賴著這兩個人。既然無處逃脫，唯一能做的就是適應他們每一次的喜怒無常。我畫個簡單的圖來說明。」蒼鷺說完起身。

他走到掛圖前先畫一個圓，上面寫下「兒童自我狀態」然後在圓圈中央畫一道水平線，圓的上半部寫「自然型兒童」，圓的下半部是

「適應型兒童」，如下圖：

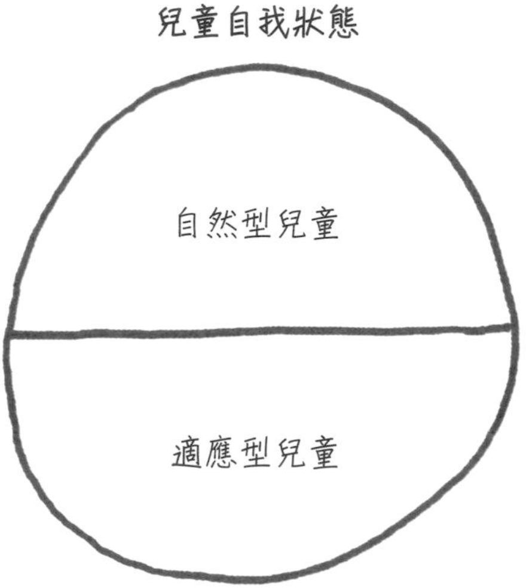

蒼鷺說：「蛤蟆，我們得在這裡打住了。這次我們談了很多，我相信一定給你很多值得思考的東西。所以我要給你一些作業，為下次面談準備。」

「不要吧！」蛤蟆哀叫著，看起來相當焦慮，「別出作業！我一向最討厭預習。而且這星期我也沒辦法做，事實上我剛想起有好多工作等著我，我可能得到鎮上去，有好多事要忙。」後面加的這一句顯得不太自然。兩人陷入長長的沉默。

蒼鷺說：「我有點好奇，你如何分析你剛剛對我說的話？」

「哦，我只是告訴你我為什麼無法做作業。」蛤蟆看起來很不安，不太敢看蒼鷺的眼睛。

「是，但你認為我聽起來會有什麼感覺？」

蛤蟆有些坐立不安，「我不清楚。我只是告訴你，我不能做作業的理由。」

「那是理由嗎？」蒼鷺問。

長長的停頓後，蛤蟆開口：「也許你覺得像是藉口？」

「你認為呢？」

「我可以了解你為什麼那樣想，但『作業』這兩個字給我的感覺很不好。我清楚記得以前傍晚在學校努力學拉丁動詞或背詩句的感覺，總是害怕隔天早上背錯了被處罰。」蛤蟆回答。

「所以我剛剛提到作業時你處於何種狀態？」蒼鷺問。

「兒童，」蛤蟆立刻回答，「過去所有的恐懼和焦慮全部席捲而來。蒼鷺先生，我會有這種表現是我有問題嗎？」

「當然不是，」蒼鷺親切地說：「每個人都會因為某些話語或場景而觸發童年的感受。我想對多數人而言，最容易引起這種感覺的共同名詞是『牙醫』吧。」

「不，別提牙醫！」蛤蟆摸著自己的下巴，故意做出痛苦的表情。

蒼鷺說：「所以我會避免使用『作業』這可怕的字眼，只是請你在下次面談之前做點事情。」

「什麼事？」蛤蟆還是有點防衛姿態。

「就只是回想你的童年，想想那段日子和最早的記憶，然後再看看我們的討論是否能賦予那些記憶不同的意義。再見了，蛤蟆，期待下週見面了！」

Chapter 6

探索童年

隨著下一次諮商時間愈來愈近，

蛤蟆感受到前所未有的複雜情緒。

主要是悲傷和沮喪，

畢竟回憶中的童年是那麼孤單，

感受不到太多的愛或快樂。

上次面談結束後的幾日，蛤蟆一直有種奇怪和不安的感覺。他想起童年一些早已遺忘許久的事。往事清晰地在腦海中一再重演，對於父母與祖父母的記憶似乎從來不曾模糊。他在閣樓找到了一本老舊相簿，看著這些泛黃的家庭老照片，心裡湧起一股巨大的悲傷，不是因為相片裡的人都不在了，而是因為他很少是相片裡的主角。

他想起總是嚴厲苛求自己的父親，覺得自己就是達不到父親的高標準，而且永遠也達不到。他想起童年的世界裡，家裡經常有很多成功的人士來來往往，在蛤蟆眼裡，似乎都是各自領域中成就非凡的人。他的祖父創立家族釀酒事業，他的父親成為一家之主後接手經營。他記得小時候曾被帶去酒廠，被那裡的噪音、蒸汽和氣味給嚇到了。他知道家人期待他將來也要在那個可怕的地方工作，也是在那時他就很清楚自己絕不要這樣。

蛤蟆想起母親，她總是安安靜靜，對先生唯命是從，就如同結婚前聽命於她的父親一樣。蛤蟆的外祖父是一名傑出的神職人員，後來升為副主教。從那以後，大家都尊稱他為「主教大人」，就連他的女兒也不例外。蛤蟆記得外祖父身材高大、很有威嚴，胸前戴著十字架，有人送上茶點時總是以驚喜的語氣說：「啊，小餅乾！」

蛤蟆想起母親有時也會和自己嘻笑玩鬧，但他感覺母親總是很在意她先生的眼光，時時觀察他是否流露不滿意的神情。也因此她為了避免讓先生不悅，便盡可能配合他嚴格的育兒觀，常常收起對於蛤蟆的關愛。蛤蟆記憶中，母親很少擁抱他。

隨著下一次諮商時間愈來愈近，蛤蟆感受到前所未有的複雜情緒——最主要是悲傷和沮喪，畢竟回憶中的童年是那麼孤單，感受不到太多的愛或快樂。但另一方面他又想起一些人，類似「配角」一樣曾短暫走入他的生命，這些人無意間所表現的行為與引發的情緒，讓他看到這個世界還有很多人事物與他所知的不一樣。

這樣的情況通常發生在聖誕節，小時候的蛤蟆總是能看見形形色色的親友們，帶著禮物來蛤蟆莊園致意，希望能換得酒窖裡拿出來的陳年佳釀。他記得有個姨婆戴著一頂黑色大帽子，以巨大的別針固定，蛤蟆總覺得這別針一定是牢牢扎進腦袋裡了；另外還有一個笑呵呵的怪叔叔，他會變魔術，有一次和蛤蟆獨處時竟然用蛤蟆的屁點火，讓蛤蟆大為吃驚；還有一個老伯，脖子掛著一條金錶鍊在大肚腩前晃呀晃，他送給蛤蟆一枚金幣，還用很可怕的方式掐了一下蛤蟆的大腿。

這些記憶擅自闖入了蛤蟆的腦海中，在這些記憶底下，一股憤怒正在累積，強烈卻令人感到無力。無力是因為他不確定自己究竟是在對誰或什麼事情憤怒。

接下來的結果是：他開始為自己的憤怒感到愧疚！因為在內心深處，他很清楚自己其實對父母是感到極端憤怒的，這一點可能他連蒼鷺都不會透露。然而這股憤怒卻也帶來難以解決的問題。理論上，父母在他小時候已盡全力栽培他，此刻他所住的也是父母遺留給他的漂亮莊園。不僅如此，父母還讓他享受寬裕的生活。更讓他為難的是，父母都已去世一段時間了！父母活著時他都很難對他們生氣，何況現在他們都已經不在人世，這就更難了！然而憤怒的感覺就是揮之不去。因此那天蛤蟆去按蒼鷺的門鈴，在書房裡的老位子坐下時，心情非常激動。

蒼鷺說：「早安，蛤蟆，你這星期過得如何？」

蛤蟆的回答很平靜：「我不是很確定。我怕自己又要開始抑鬱，這讓我感到擔憂，我還以為最近比較好了。」

「你認為是什麼原因讓你有這種感覺？」蒼鷺問。

「我想是因為你交代的作業，我發現童年回憶的某些部分讓我非常痛苦，這也是為什麼我現在覺得很悲傷。」然後蛤蟆突然哭了起來，他已經有段時間沒有掉眼淚了。

蒼鷺將面紙盒遞過去，蛤蟆抽起一張擦眼睛，又抽一張擤鼻涕。

過了一會兒，蒼鷺問他是否感覺好一些。

「有，奇怪，真的好一些了。」

「瞧，你悲傷的原因是真實可見的：你想起那些不快樂的時光，自然會產生悲傷、不快樂的情緒，所以你哭了。你是否能接受這樣的解釋？」

「可以吧！」蛤蟆吸吸鼻子，「但我不喜歡這樣嚎啕大哭。」

「我相信你一定不喜歡，但如果你要增進對自己的了解，就要跟自己的情緒做連結，並理解這些情緒。如果你否認它們，無論是無視還是壓抑的方式，結果就像截肢，就如身體某個重要的部位被切掉，你在某種程度上變成了一個殘缺的人。」蒼鷺說。

「所以哭沒關係嗎？我記得我父親完全不允許我哭。我哭的時候，他總是說：『馬上停下來，否則我要生氣了。』當然我就立刻停止哭泣。」

蒼鷺聽了很嚴肅地說：「你可以做選擇，看是要聽從已過世父親的聲音，或允許自己做主？」

「這樣說好像太嚴重了，」蛤蟆露出不安的表情，「畢竟，我只是在想要不要哭而已，你不覺得討論『已過世父親的聲音』有點小題大作嗎？」

「也許吧，但我們探討的本來就是小題大作的事件。一個簡單的提問，便能引發許多其他重要的問題，這些問題對你的學習和領悟作用很大，也就會對你的整個人生有深遠的影響。」蒼鷺回答。

蛤蟆這時已非常的專注。他的眼淚已乾，正豎起耳朵仔細地聆聽，「請繼續說，我在聽。」

「好，這樣我就要再度切換到老師的角色中，以便為你提供更多的見解。你記得我們討論過關於『兒童自我狀態』嗎？包括了自然型與適應型？」蒼鷺問。

「當然記得，那次討論對我有很大的作用，我希望今天能再多談一些，我準備好了。」

「我相信你一定準備好了，那就開始吧！蛤蟆，你的童年誰對你

影響最大？」

「這很容易回答，當然是父母，間接還有我的祖父母。」

「我們先談談你的父母。你的父親是哪一種人？」蒼鷺問。

蛤蟆毫不猶豫回答：「嚴厲而正直。我記得他總是為了這件事或那件事責備我。他會以非常不滿的眼神看著我並叫我的全名說：『西奧菲勒斯（Theophilus），我到底要跟你說多少遍？不准這樣做！』他總是在責備我、批評我。慢慢地我也接受了他總是對的，而我總是錯的。似乎這麼想的話，他對我的責備都變得很合理。」

「他會打你嗎？」蒼鷺再問。

「噢，不會，根本不需要。他的一個眼神就夠了！而且他停止對我慈眉善目，事實上他從來就沒有很疼愛我。他最嚴厲的處罰就是用冰冷的語氣說：『回到你的房間，你準備要道歉時才可以下樓！』」

「我記得他和我玩過幾次，但結果都不太好。也許是因為我太渴望得到他的愛，就會做一些愚蠢的舉動。記得有一次他把我從他的膝上推下去，對著我母親說：『我真受不了他這副樣子！』然後便走了出去。而我當場就放聲大哭。」

蛤蟆停了下來，雙眼閃爍著的淚水。

蒼鷺問：「那你的母親呢？」

「她很聽我父親的話，但我總覺得和她比較親近。她偶爾會抱我一下，但也不常有。父親發脾氣時我就去找母親，她卻說：『孩子，小傻瓜，爸爸沒那個意思。』由於我是獨子，她可能習慣把我當嬰兒對待。每次運動會她到學校看我，都讓我覺得很尷尬，因為她老是在其他男孩面前叫我『親愛的小西奧』，還要幫我梳頭。」

「你長大後情況有改善嗎？」蒼鷺問。

「不，一點都沒有。例如我讀大學時曾邀朋友到家中，父親總能找到什麼來批評我；母親則一再讓我難堪。她有一次甚至在我朋友面前問我，那天有沒有換乾淨的內衣褲！現在我可以當作笑話講，但我向你保證，當時我可真的一點都笑不出來。」蛤蟆回答。

「我再說個故事給你聽，你可能會感興趣。在我母親去世前不久，有次我鼓起勇氣對她說：『媽，妳何時才不會再把我當小孩看待？』你知道她怎麼回答？」

「我大概猜得出來，但請你還是告訴我吧！」蒼鷺回答。

「她說：『等你不再像小男孩的時候！』這件事根本無解，我聽完便走出了房間。」

蒼鷺沉默了一會兒，說：「你一定對這感到非常憤怒吧。」

「不，我從不憤怒，我不是那種人。」蛤蟆笑得很無力。

「那你如何處理憤怒的情緒？」蒼鷺問。

蛤蟆坐直起來，用力嚥了口水。「哦，嗯，你說的憤怒究竟是指什麼？」

「拜託！」蒼鷺不耐煩地說，「你很清楚憤怒是什麼。你是怎麼應對的？你上一次生氣是什麼時候？」

蛤蟆感到困惑。首先，他並沒有在想憤怒的事；其次，他發現自己在任何時候都很難承認自己感到憤怒。他總覺得如果有人知道他在憤怒，他就會受到處罰。結果就是他吞下了怒火，轉成了內疚。但蒼鷺為什麼會突然談到這個話題？想到憤怒就讓蛤蟆非常焦慮，只想轉移話題。但蒼鷺卻注視著他，等待他的回答。蛤蟆別無選擇，只能繼續說下去。

「坦白說，我也不確定上一次生氣是什麼時候。仔細想想我很少生氣，搞不好從來沒有。感覺似乎是很沒有必要的，而且那不是我的行事風格。」蛤蟆露出安撫的微笑。

蒼鷺說：「如果你真的去思考這個問題，我想對你會很有幫助。畢竟你也同意，憤怒是我們與生俱來的基本情緒之一。這麼想吧，蛤蟆，小時候當你生氣時，都會發生什麼事？」

蛤蟆思考這個問題，腦海中出現他的父親，高大威嚴，讓人生畏。在父親身後的陰影裡，彷彿站著他的祖父與外祖父，他們品格高尚、言行正直，他們的面貌就代表著最高的道德標準。蛤蟆感覺他們的影響已經主宰了自己的一生，正如他們居高臨下的肖像畫掛滿了蛤蟆莊園的圖書館一樣。

蛤蟆說：「回想童年時期，我記得的是父母的憤怒，而不是我的。他們一天到晚告訴我該做這個、做那個，我犯錯時父親經常很生氣。」

「所以，一個孩子若碰到嚴厲挑剔的父母，他就必須學習如何應對，會將自然行為調整為最能適應現狀的行為。所以，這個孩子最有可能做什麼？」蒼鷺問。

「這表示我們又回到適應型兒童狀態了嗎？」

「完全正確，你應該記得，在自然型兒童階段，我們每個人都有基本的情緒，類似畫家調色盤上的基本顏色。但我們必須因應環境調整這些自然行為，我們會調和顏色讓自己可以生存下去，同時不犧牲個人的特質。這表示我們必須學習處理憤怒，包括父母的憤怒和我們自己的憤怒。」蒼鷺停頓了一下，又問，「蛤蟆，你聽了有什麼感覺？」

蛤蟆若有所思地說：「這很難想像。聽到你把情緒比做顏色，我想像要如何畫出一幅畫來描繪一個正在發展情緒與情感的孩子與父母之間的糾葛。父母有他們很固執的是非觀念，又遠比小孩強大許多，有哪個孩子能夠在這樣的戰鬥中倖存？」

「你認為成長過程必然是戰鬥嗎？」

「我的狀況可能是如此，我想童年的我一定承受了很大的壓力，因為那時我還小，卻必須應對挑剔的父母。」蛤蟆停了一下，整個房間一片沉寂，只有角落的老爺鐘發出滴答聲。

過了一會兒，蛤蟆小聲地說：「我想知道，自己是如何學會應對這一切？」

「要找出答案，我們得運用腦子進行邏輯思考，讓我來問你一個問題：一個人若是被一個比自己強大許多的人欺負和傷害，又無法脫離，他可能會怎麼做？」蒼鷺問。

蛤蟆想了一會兒說：「如果這個人真的沒有力量，就必須學習順從壓迫者。否則可能無法生活下去。」

「正是，所以在你小時候，是不是也必須學習如何順從父母嚴格的要求？」

蛤蟆想了一下，點頭同意情況可能是如此。

蒼鷺問：「那麼，那時的你會做什麼？」

蛤蟆對此思考了一會兒。他回想起那些遙遠的往事，內心再度感到悲傷。事件儘管距今已很遙遠，那些記憶與感受卻在意識裡很鮮活，彷彿就發生在此刻。然而，另一部分的他卻又感受到挑戰而保持著警覺，所以能夠用客觀的角度思考這些事而不受影響。

蛤蟆緩緩地說：「當你被迫順從某人時，就表示你不與對方爭辯，對方怎麼說就順著他的意思，而且同意他們的想法。」

「很好，我要把這個寫下來，因為我認為你發現了很重要的東西。」蒼鷺走到掛圖前，寫下一個標題：「順從的行為」，在標題下寫著：「附和」。

「還有嗎？」

蛤蟆沉思了一會兒說：「我想除了順從父母的意思之外，我還總是想要取悅他們。我不確定自己是不是做到了，但我清楚記得我希望讓他們開心、以我為榮。」他停了下來，再度陷入深思，接著他說：「也許這就是我變得愛炫耀的原因。無論我做什麼，他們似乎從不曾滿意或被打動過。因此我會透過誇張、愚蠢的行為來博得他們的注意。有沒有可能是這樣，蒼鷺？」

蒼鷺凝視著他，發現此時此刻，蛤蟆的聲音與表情完全與他說的話完全吻合；他的樣子、聲音都顯得很悲傷，連他的情緒也明顯像個極為悲傷的孩子。這種悲傷深深感染了蒼鷺。他靜靜坐著，嘗試走進蛤蟆的回憶，體驗他的悲傷——這是一個人對另一個人最大程度的感同身受，這便是所謂的『同理心』。蛤蟆也感受到了，這無聲的支持與理解，讓他從內心深處得到一份力量。

蒼鷺說：「我想你可能是對的，蛤蟆。」然後又陷入沉默，陪伴著蛤蟆沉浸在孤獨感中。

蒼鷺估計時間差不多了，過了一會兒便說：「我們必須繼續努力。先前你說你總想要取悅父母，我要把這一項加入順從的行為裡去嗎？」

「好，」蛤蟆的語氣比較有力了。「你還可以寫下另一點：『道歉』。我知道我現在經常道歉，小時候也是。我幾乎在做任何事前，都會為了安撫父親而先道歉。」

「何不由你來寫？」蒼鷺說。

於是蛤蟆第一次拿起蠟筆，在紙上寫下：「道歉」。接著他轉向蒼鷺說：「你知道嗎？我開始意識到，這個列表描述的不只是過去的我，還有現在的我。我當時學會的事和現在的行為竟然非常相似，我不確定自己是否該感到驚訝。」

「我想，真正讓人驚訝的是：你會領悟到成年後的很多行為，都是從童年時期學來的。你仔細想一想，就會發現這其實非常明顯。我們小時候會有一些感覺特別強烈，長大後仍不可避免會經常感受到。有詩人說：從小見大（The child is father of man.）。或許就是這個意思。如果你不反對，我要在列表上再加上一項。」蒼鷺說。

「是什麼？」蛤蟆問。

「倚賴。」蒼鷺回答。

蛤蟆愣了一下說：「你確定嗎？我的意思是，所有的小孩不都是倚賴父母嗎？當你年幼又無助時，這不是很自然的行為嗎？」

「沒錯。但對多數人而言，成長的本質就是逐漸減少倚賴，最終切斷倚賴關係，如此才能成為獨立自主的個體。但很少有人能完全達到這點，有些人只能部分達成，很多人則會倚賴一輩子。」蒼鷺回答。

「但這和順從的行為有什麼關係？」蛤蟆小心翼翼地問。

「我的意思是，順從的行為可能導致一個人學會把倚賴當成生活方式。換句話說，這樣的人永遠不會真正長大成人。」蒼鷺解釋著。

「我猜你說的是像我這樣的人？」蛤蟆說著，便呵呵笑了起來。

「沒錯。」蒼鷺也第一次笑了起來。他的笑聲很生疏，彷彿不太常讓自己笑。但這真誠的笑，使得蛤蟆從原本煩人的傻笑變成正常的笑了。

「對不起，」蛤蟆擦拭眼睛，「我們一直都這麼嚴肅，突然間一切顯得那麼滑稽，我實在忍不住要笑。」

「請不要說對不起，反正我們也該結束了，我們能夠在這樣愉快的氣氛下結束真好。」

這一次，蒼鷺陪蛤蟆走到門口，離開時轉身對蛤蟆說：「蛤蟆，我認為你正在進步。雖然我們還有很多工作有待完成，但你已經穩穩地站在學習的路上，絕對不會再走回頭路了。」蒼鷺友善地揮揮手，關上門。蛤蟆則沿著河岸走回家，他感覺自己很久很久沒有像現在這麼快樂了。

Chapter 7

仁慈的獨裁者

蛤蟆開始領悟到他的行為都源自適應型兒童狀態的自己，
蒼鷺則是試著探究蛤蟆對這些問題到底了解了多少，
同時自問，身為諮商師是否說了太多。

在等待下一次諮商的一週裡，蛤蟆針對自己的憤怒情緒思考了很多，他發現自己總是將憤怒與愧疚感連在一起。

除了父親，成年後最常對他發怒的人是老獾。高大、強壯的老獾，好幾年前就嘗試要制止他沉迷汽車，曾以極嚴厲的語氣訓了他一頓，讓蛤蟆流下痛苦、懊悔的眼淚，並承諾改過。但這又幫了蛤蟆多少呢?!蛤蟆突然領悟了一件事：老獾永遠無法當諮商師，因為他從來不會傾聽。就像所有易怒的人一樣，他只想要告訴別人怎麼做，只會批評別人的缺點。

蛤蟆想起和老獾的那一次互動，那件事至今依然歷歷在目。幾年前蛤蟆經歷一段困難的時期，因為發生了一、兩次嚴重的車禍，有一天老獾突然和河鼠、鼴鼠來找他，大家正試著要蛤蟆改變行為，別再為汽車如此著迷。

蛤蟆記得老獾帶他到莊園裡的吸菸室，用極為嚴厲的口氣訓斥他一頓，聽得蛤蟆流淚懺悔。結束後走出那個房間，老獾變回比較慈善的父親角色，於是蛤蟆又恢復了本性。

當老獾要他向河鼠和鼴鼠悔過，公開承認他的做法錯誤。他當然不肯！蛤蟆到現在還清楚地記得當時說的每一句話。

「不，我不感到抱歉。我做的那些事一點都不愚蠢，反而我覺得都是很了不起的！」老獾似乎對他的話又驚又氣，蛤蟆還不耐煩地加了一句：「再到那房間去也沒關係，我一樣什麼話都說得出來！」

事實確實是如此。蛤蟆明白了，他表面懺悔的反應其實是面對老獾的攻擊所做的防衛，不是發自內心的，當然也就不能真正的改頭換面。但蛤蟆心想：「問題是，為什麼生氣的永遠是別人，不是我？」

終於，又到了諮商的日子，蛤蟆再次來到蒼鷺小屋，在熟悉的房間裡與諮商師面對面坐著。

蒼鷺先說話：「蛤蟆，早安，你今天的精神怎樣？」

「我感覺比較快樂了，睡得比較好，對事物也比較有興趣。舉例來說，我又開始看報紙了，而且真的讀得進去。有一段時間我甚至連翻都不想翻。」蛤蟆回答。

「那很好，以我們的情緒溫度計來說，你自己覺得是在哪個位置？」蒼鷺翻著掛圖，翻到第一次面談的那張圖。不過是簡單畫一條直線，最底下為零，最頂端為十。

「我的感覺應該是五、六的位置。」蛤蟆說。

「你看到我們第一次面談時你的情緒嗎？」蒼鷺指著幾週前蛤蟆做記號的地方——介於一和二的刻度之間。有一會兒兩人都沒有說話，只是互相對望，這一次沉默蛤蟆感覺到的是善意。

蛤蟆開口說：「蒼鷺，我可以訂定這次面談的主題嗎？」

「當然可以，你這麼做我會很高興。」蒼鷺說，「事實上一直都是你在設定主題，每一次面談我都會嘗試幫助你探索一些問題，目的是提供你深刻的領悟與學習。如果你能自己找出問題，那表示我們真的有進步。」

「我想要分析我的憤怒，或者更精確地說，我為什麼不會憤怒。上次面談探討我改變自己的行為來因應挑剔的父母，你稱之為『順從的行為』。」蛤蟆說。

「我記得，還寫在掛圖上。」蒼鷺翻到標題為「順從的行為」那一頁，下面寫著：「附和」、「取悅」、「道歉」、「倚賴」。「我說你可能藉此保護自己，不受父母的憤怒與攻擊傷害。你的問題是什麼呢？蛤蟆。」

「其實很簡單，但我找不到答案。我為什麼不會生氣？就是這個問題。」

「你從來沒有生氣過嗎？」蒼鷺問。

「呃，從來沒有像老獾那樣。他生氣時看起來很嚴厲、很兇，講話大聲又充滿怒氣，還會指著你罵。我告訴你，我其實怕得要死！」

「你從來沒有像那樣？」蒼鷺再問。

蛤蟆認真地想了想說：「我想是有一次。那次是野森林的居民強占我的房子，朋友和我一起去打鬥。我氣極了，高聲吶喊，直接衝向領頭的黃鼠狼。我痛打他一頓，連同其他人一起趕出去。但那是比較特別的狀況，結束後我感覺好累，隔天午餐之前都起不來。那樣做很違背我的本性，我畢竟不是鬥士。但我必須說，我對自己那天晚上的表現很自豪，應該說是引以為榮。」

蒼鷺由衷地說：「你是應該自豪，但我還是不了解困擾你的問題是什麼，你可以說得更精確一點嗎？」

「好。先前有一次諮商，你說憤怒是我們的基本情感之一，我很認同。我記得你說這些基本情感就像畫家調色盤上的基本顏色。我的問題是：『如果憤怒是構成我的行為的基本元素，為什麼我不會生氣？』」

「蛤蟆，這個問題真的很好。但就像所有的好問題，答案可能會讓你對自己產生痛苦的自我覺察，你準備好面對了嗎？」

蛤蟆堅定地看著蒼鷺：「我已經走到這個地步了，現在怎麼能停下來。」

「好，雖然你這個問題基本上和感覺及情緒有關。但最好方式還是運用我們的頭腦和理性來思考。讓我們先想像下列的情況，假設你被兩個仁慈的獨裁者抓去關起來，他們完全掌控你，同時卻又照顧你、關懷你。你對此有何感覺？」蒼鷺問。

「我想我對他們會有很矛盾的感覺。」

「沒錯，那正是你小時候的經驗。你怎能對這樣仁慈的獨裁者，也就是你的父母生氣，他們顯然握有掌控權，你又完全倚賴著他們、愛著他們。」

蛤蟆坐著一動也不動，陷入深思。「聽起來確實是兩難。那麼，當我的憤怒遇到父母無堅不摧的權力，會發生什麼事？」

蒼鷺說：「在我看來只能有一個答案。」

「什麼答案？」蛤蟆問。

「你必須學習無攻擊性的憤怒！」

蛤蟆立刻回應說：「但那是不可能的，按照定義，憤怒就代表有攻擊性。也許更可能的是我學會完全壓抑我的憤怒？」

「這我很懷疑。憤怒是我們行為的必要組成，絕不可能完全壓抑。我們換一個比喻來探討，這次用科學來比喻。假想有一罐氣體鋼瓶的溫度愈來愈高，由於壓力增加，可能會有爆炸的危險。要如何快速降壓？」蒼鷺舉例說明。

蛤蟆答：「顯然要做的第一件事，就是盡可能將調節閥打開得愈大愈好，讓氣體強力衝出去。」

「沒錯，有些人便是以這種方式來處理憤怒。他們將憤怒朝特定目標釋放，就像讓氣體衝出去，之後又回復平常的行為。可是他們會忘記或刻意不去注意這種行為會造成的傷害，以及對人際關係的負面影響。」

「所以就像我剛剛所說的，憤怒是有攻擊性的吧？」蛤蟆深怕蒼鷺遺忘他的觀點。

「在這個例子確實是的，那也是我要說明的。但我們考慮另一種情況，想像那罐氣體鋼瓶愈來愈熱，內部的壓力逐漸加大。是否有另一個也許比較不是那麼劇烈的方法可以降壓？」蒼鷺再問。

「我想，如果要謹慎一點，可以慢慢打開閥門，讓氣體在一段時間裡慢慢地洩出。你想是這樣嗎？」蛤蟆思索回應著。

「確實。蛤蟆，你發現了嗎？你自己找到答案了！你和很多人一樣，學會以非攻擊性的方式發怒。你讓自己的怒氣慢慢地、和緩地、幾乎無法察覺地釋放，以免讓任何人不快。」

「但那是什麼方法？」蛤蟆哀怨地問：「我不記得曾做過這樣的事。」

「你是否記得自己曾經鬧彆扭的時候？」蒼鷺問。

「那真的是憤怒嗎？」蛤蟆有些驚訝，「我的意思是，鬧彆扭根本沒有意義，無法達到任何目的。」

「親愛的蛤蟆，」蒼鷺耐心地說：「重點就在這裡，鬧彆扭正是以幼稚的方式表達憤怒。就像有人對小孩說：『不可以這樣或那樣！』這讓小孩非常生氣，同時他又覺得沒有能力對那個讓他生氣的大人，用暴力或攻擊的行為去回應，所以唯一能做的就是躺在地上又踢又叫。如果是大人這麼做的時候，可能被稱做『無理取鬧』。」

接著蛤蟆又說：「你說這種不帶攻擊性的憤怒是需要一段時間的，但彆扭不會維持很久啊！」

「確實，但有時也可以持續較久。我們且想想是否有一種反應會持續數小時，甚至數天。」

「像是什麼？」蛤蟆問。

「好比嘔氣怎麼樣？」蒼鷺回答。

「嘔氣？我從來沒有想過這是一種憤怒。」

「我認為是的，嘔氣的人總是繃著臉、陰沉沉的樣子，而且異常的安靜。我想在適應型兒童的所有行為中，嘔氣是最能說明如何長時間來稀釋憤怒的例子。通常這是孩子面對權威而無法為所欲為的反應，成人或許也會基於同樣的原因，例如當一個人在權力的鬥爭中落敗。嘔氣基本上是輸家面對強大的贏家的反應。」蒼鷺解釋著，隨後又繼續說：「嘔氣正可達到我們剛剛所說的目的，可以透過很低的強度慢慢釋放，以減輕憤怒的力道，這當然會降低攻擊性。」

兩人隨後一陣長長的沉默，各自陷入思考中。蛤蟆開始領悟到他的很多行為都源自適應型兒童狀態的自己，蒼鷺則是試著探究蛤蟆對這些問題到底了解了多少，同時自問，身為諮商師是否說了太多。

許久，蛤蟆問：「小孩還有很多方式學習表達憤怒嗎？」

「我相信一定有幾百種。想想看，我們每個人都必須適應童年的特殊情形，所以就產生各種行為模式，關聯著各種情感與情緒，就像馬賽克的色彩一樣，自然是極其多元而複雜。」

「可以請問你要如何分析這些行為？」蛤蟆問。

「當然可以，我畫張圖給你看。」蒼鷺畫的圖如下：

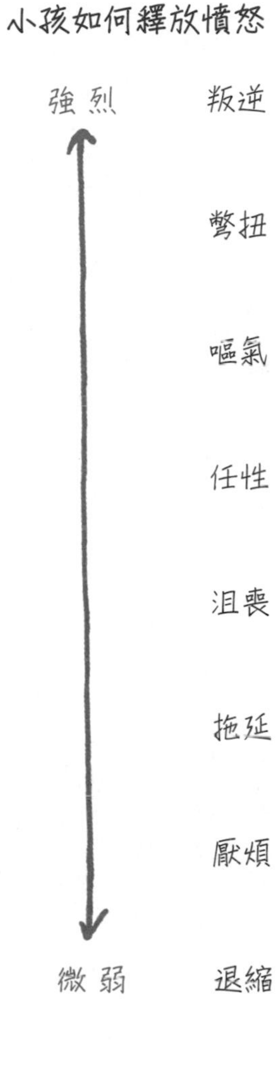

蒼鷺接著說：「當然，我知道你已經開始意識到了，這個圖的關鍵在於所有這些行為策略，實際上都是從童年發展出來的防衛機制，用以保護我們避開當時的危險（包括真實的或想像的）。當我們看到成人在嘔氣、鬧彆扭、沮喪或是厭煩的時候，我們會想他們這些行為是否恰當，或者是無意識或無法控制地再次重演孩童時期的行為模式。」

「這很不對嗎？」蛤蟆煩躁地問，他感覺彷彿被蒼鷺「抓」辮子。

「我們有時候總會有點幼稚，這有關係嗎？」

「在道德意義上並沒有什麼『不對』，心理分析進行的是不帶批判的分析。但這類行為會有兩種結果，都是負面的。一是被人嘲笑，看到一個成人亂發脾氣或嘔氣，可能讓人覺得很好笑，也很尷尬；更重要的是，這類行為顯示出這人是個失敗者。」蒼鷺解釋著。

「這讓我感覺很糟糕，我們探討了這麼多，結果是讓我感覺大半輩子都很愚蠢。我可以怎麼做，蒼鷺？我什麼時候才能學會當一個真正的成年人？」

「等到下次面談再努力如何？」蒼鷺說完，便帶著笑容送蛤蟆到門口。

Chapter 8

意外訪客

蛤蟆感覺到老獾指責的眼神，

他開始感到憤怒，但很快就變成無奈的心情，

老獾一定認為他在裝病，

蛤蟆真希望自己能振作起來，像老獾那樣。

大約是午茶時間，蛤蟆正在電視機前觀看板球比賽。他一向喜歡板球，雖然自己已經不打，卻仍是村里板球隊的主席，對郡裡的比賽都興趣濃厚。他正要泡茶，門鈴響了。

蛤蟆莊園裡已沒有傭人，每週有一個婦人來打掃兩次，幾間較大的房間已永久關閉，蛤蟆主要的活動空間在廚房，那裡溫暖又舒適，相鄰的小餐廳有台電視，望出去可看到花園和較遠的河流，景觀很不錯。他平常不開前門，都是從後門進出。

聽到門鈴響，他趕緊起身走過又長又暗的長廊，拉開門閂、解開鍊子，打開有鐵製釘飾的大門。站在外面的是老獾，多麼讓人驚訝！

「午安，蛤蟆！」他語氣輕快地說，接著便穿過門廊，直接大步朝房子裡走。

蛤蟆一時說不出話來，盡可能鎮定、迅速地把前門鎖好，快步地跟在老獾後面，並且為了屋子沒有整理而道歉：「你怎麼不先告訴我你要來？」接著又說了一些有的沒的，感覺自己像個傻瓜。

身為父親的好友，老獾對蛤蟆莊園很熟悉，正要打開客廳的門。但蛤蟆搶先一步：「我已經不太使用這間了，這邊請。」事實上，客廳已經空置好幾年，裡面早已積灰發霉，窗簾上更是滿布蜘蛛網。

蛤蟆引領老獾到早餐室，將地上的報紙撿起來，拖鞋踢到桌子下，請老獾坐。他在旁邊晃來晃去，感覺焦慮又不自在。

「你要吃點什麼嗎？老獾？茶？蛋糕？」

「不用，謝謝，我從不在正餐之間亂吃。蛤蟆，你可以把電視關掉嗎？電視影響我的思考。」然後老獾又加了一句：「現在看電視太早了，不是嗎？六點以前我從來不看電視，而且我只看新聞，其他也沒什麼值得看的。」

蛤蟆立刻將那惹人嫌的電視關掉。他端坐在椅子邊緣，試著聊天：「最近天氣變暖和了，你說是不是？有些番紅花都開了。」

「只有番紅花開嗎？」老獾驚訝地問：「你該看看我的水仙花，開了一大堆！」

可憐的蛤蟆，他的水仙才剛開始發芽。他為自己沒能好好照顧花園感到羞愧。

「你還是老樣子，一開口就說個沒完。」老獾嚴厲地說：「如果你能學學傾聽該多好。」

「對不起！」蛤蟆不假思索，順從地找張椅子坐下來，等著老獾繼續說下去。

「聽著，我來這裡是因為有一件事需要討論。我知道你最近不太舒服，也不太出去社交。但你知道這世界還是會繼續運轉，並不會因為你情緒問題就停頓下來。」

「當然不會，我要這樣想就太傻了。」

「因此我認為有一件事應該要趕快做，我很確定那也是你父親的希望。」

「當然。」蛤蟆喃喃地說：「我相信是的。」其實他完全不知道老獾在說什麼。

「蛤蟆，你明白我指的是什麼吧？」

「並不是很確定，你可以再說清楚一點嗎？」

「很明顯啊，就是你擔任本村小學董事這件事。」老獾說。

「我是董事沒錯，我最近不常去開會，因為……」他停頓了一下。「是因為身體不適，但我打算很快就會再去了。」蛤蟆說。

本村小學很小，只有兩班，但教育過好幾代的村民。現在很多人都已經搬到附近的城鎮去，因此學生人數日減甚至傳說要關閉。但蛤蟆致力於學校的生存，投入很多時間參加董事會，嘗試募款與維持教學品質。

老獾說：「就是這樣，大家都知道你最近很少開會，但現在有很多大問題有待解決。」

「我知道，我打算下一次開會就要去。」事實上蛤蟆剛收到上次會議的紀錄，正要寫信告訴教區牧師（他也是董事會主席），告知下次一定會去開會。

「但你到時候可能還恢復得不夠，不是嗎？」老獾問，「你看起來還有點憔悴，那個幫你諮商的人怎麼說？憂鬱症，對不對？奇怪，我想我這輩子從來沒有憂鬱過。大概有太多事要做，可沒時間坐在那裡胡思亂想。」

蛤蟆感覺到老獾指責的眼神，他開始感到憤怒，但很快就變成無奈的心情，老獾一定認為他在裝病，蛤蟆真希望自己能振作起來，像老獾那樣。

老獾繼續說：「因此我和牧師討論過，他也同意了。你不用再操心了。」

「他同意什麼？」蛤蟆不安地問。

「哦，就是由我來代替你擔任董事啊！其實我也沒什麼時間。」

老獾的語氣很嚴厲，從半圓的眼鏡上方看著蛤蟆：「我要忙法院和地方議會的事，根本沒有什麼時間，但，該做的事總是要做。」

「但我還在董事會啊！」蛤蟆有些激動起來，「你知道，我還是校董。」

「我知道，但如果你以健康的理由辭職，便不須再選舉，牧師說他會推選我進入董事會，所以我想你現在就可以寫辭職信，我直接拿去給牧師，省去你寄信的麻煩。」

蛤蟆內心在翻騰，非常憤怒，簡直想要對準老獾的鼻子打一拳。他怎麼敢！竟然背著他去找牧師，想把他從學校董事會除名！真大膽！蛤蟆真的很喜歡參加學校董事會，讓他感覺對社會有所貢獻，而且他一向喜歡在蛤蟆莊園的草坪舉辦學校的夏日同樂會。

但他心想，也許老獾終究是對的。他應該辭職讓老獾接手，老獾肯定能為這個職位注入更多活力。不過蛤蟆又想到，老獾也會帶來其他東西——他的壞脾氣、不寬容、激怒別人。他敏銳地察覺到，這就是和老獾相處必須付出的代價，但這代價是不是太高了？

「蛤蟆，你到底要不要寫？」老獾不耐煩地問。

蛤蟆不知道該怎麼做，老獾看起來那麼強勢自信，而自己是既弱小又猶豫不決。他小聲地說：「也許我需要考慮一、兩天，畢竟我擔任董事一段時間了，辭掉會很懷念。」

「也許會懷念幾天吧，但你不能太多愁善感。別忘了，這是為了學校好！我們可不能感情用事而阻礙學校的利益。」老獾說。

「當然不能，我也希望我不是只考慮自己。」

「這樣吧，不如你考慮一下，今天晚上就打電話給我。這樣我就有時間聯絡牧師，把一切處理妥當。」

「我想，」蛤蟆鼓起最大的勇氣，「我需要更長的時間。明天晚上再打電話給你。」蛤蟆記起隔天早上有諮商，他需要蒼鷺的協助。

「好吧，蛤蟆，你做事總是拖拖拉拉，我若是這樣優柔寡斷就不會有今天的地位了！看清問題，找出答案，然後就要當機立斷，這就是我處理事情的態度。」老獾說完便起身。

「別麻煩送我了，我知道路。還有，如果我是你，我會早點上床睡覺。你看起來很憔悴，你該好好照顧自己。先把自己顧好最重要，這是我常說的一句話。」說完他便離開了。

蛤蟆全部的力氣只夠為自己倒一杯濃烈的白蘭地加蘇打水，然後便癱坐在小沙發上。

Chapter 9

祕密協議

為什麼你一再落入難堪的狀況，

最後總讓自己覺得很蠢，讓別人占優勢，

讓你再一次感覺像回到小時候那個可憐弱小的自己？

蛤蟆簡直等不及明天趕快來，讓他去接受諮商。他氣到差點跳起來。（他心想，蛤蟆的天性應該是在心情愉快時才跳起來才對。）

「等我告訴蒼鷺，」他自言自語地說：「他一定無法相信！老獾竟然不請自來，還要我放棄學校董事的職位。老獾最近最好不要再來，否則要他好看！我會讓他知道我的厲害！」

要知道，蛤蟆再怎麼生氣，這股怒火和躁動也都只在他的內心翻攪。所以旁人根本看不出他的感受是如此激烈。

到了晚上，他的憤怒已消退了，再次陷入平常不快樂的心理狀態，感到悲傷與痛苦。他心想：「老獾終究是對的，由他擔任董事比我強太多了，他是那麼有動力和決心。或許他們會讓我擔任董事只是因為我住在蛤蟆莊園，這樣他們就可以利用花園舉辦夏日同樂會。」

那天晚上他睡得很不好，很早就起來。

第二天，蛤蟆在前往蒼鷺小屋的路上，都是垂頭喪氣，提不起精神。蒼鷺引領他進門時說：「早安，你感覺如何？」

「他媽的糟透了！」蛤蟆平常很少詛咒，但感覺僅存的一絲怒火正吹向他，就像被颱風尾掃到一樣。

「何不說給我聽聽看？」蒼鷺說。

於是他把老獾來訪那件事說了一遍，包括老獾要求蛤蟆辭職一事。

「這件事給你什麼感覺？」

「很糟糕，我似乎對自己或對別人都沒有多少價值。我差不多決定要寫辭職信寄給牧師了，這樣對大家都好。」

蒼鷺沉默了好一會兒，並不是因為他不了解蛤蟆的狀況，相反地，他太了解了。只是他不確定應該引領蛤蟆走哪一條學習的道路，最終他開口說：「蛤蟆，恭喜你，你的遊戲玩得很成功。」

蛤蟆困惑地抬頭看他，「遊戲？什麼遊戲？我哪有玩遊戲啊？」

「我認為你有，你很成功地玩了一個叫做PLOM的遊戲。」蒼鷺回答。

「PLOM？那到底是什麼？」蛤蟆問。

「就是『可憐的我』（Poor Little Old Me），這遊戲你每次都贏，或者也可以說是輸，取決於你從哪個角度去看。」

「我真的聽不懂你在說什麼，」蛤蟆焦躁地說：「我沒有在玩遊戲，而是完全坦誠地告訴你發生在我身上的一件不愉快的事，你卻說我在跟你玩遊戲？」蛤蟆看他的眼神很不滿。

「『坦誠』這兩個字很有意思。」

「你是說我不坦誠？」蛤蟆開始生氣了，畢竟他們家族的座右銘就是「捍衛你的名譽」。

「沒錯，是這個意思。」蒼鷺的回答讓人驚訝，「但意思和一般所說的『不坦誠』不太一樣。我認為你可能對你自己不坦誠。為什麼你一再落入難堪的狀況，最後總讓自己覺得很蠢，讓別人占優勢，讓你再一次感覺像回到小時候那個可憐弱小的自己？純粹是因為運氣太差，或者過程中你以某種方式和對方共謀了這件事？」

「你說『共謀』是什麼意思？」蛤蟆問。

「就是達成一種祕密協議。我所謂的『共謀』是指你偷偷地或無意識地配合對方，來造成自己的不快樂。這就是在玩心理遊戲：輸家才是贏家。」蒼鷺的話聽起來有點難以理解。

「聽著，蒼鷺，」蛤蟆語氣強烈地努力抗拒這些概念，「這裡面並沒有你所說的『共謀』。我從頭到尾不知道老獾會來，或者會要求我辭職，我很想要擔任董事的，這一切是那樣突如其來。所以我怎麼可能偷偷或公開和他配合？」蛤蟆顯然很沮喪。

蒼鷺接下來的話是蛤蟆聽過最接近道歉的意思了，也是頭一次聽到他這樣說。「抱歉，蛤蟆。顯然我沒能清楚表明我的意思，不然你也不會沒有準備好探討這個概念。你感覺我在指責你，但我絕對沒有那個意思。所以我們是否可以先放下這件事，稍後再回頭來談？」

「如果你希望如此，」蛤蟆氣呼呼地說：「但我還要聽聽你所謂的遊戲是怎麼回事，我想你一定認為我還會玩別的遊戲吧？」

「是的，我認為可能還有。但如果你的防衛感那麼強，現在可能無法進行分析，我想我們應該繼續其他的討論。」

在片刻的沉默中，蛤蟆發現他對蒼鷺剛剛所說的話有很強烈的感受，卻不清楚原因何在。

蛤蟆說：「好吧，但你可能是對的。當你說到共謀，說我讓自己不快樂，我很生氣。我怎麼會讓自己不好過，聽起來太不可思議了。」

「蛤蟆，諮商的過程中所引發的一些觀念，可能乍聽之下會覺得愚蠢、不合邏輯，甚至讓人害怕。但越是能幫助你深入自我的概念，往往最可能引發激烈的抗拒。」蒼鷺解釋。

「為什麼？」

蒼鷺繼續說明：「因為這些概念最可能威脅我們的心理平衡。這些觀念最有可能帶你走向深層的蛻變，而過程往往是痛苦的，我想你現在也感受到了。當我們仔細檢視自己，看到的不一定都是喜歡的樣子。從現在的你變成你想成為的自己，必然要經歷行為與態度的轉變，這需要付出艱辛的努力、勇氣與毅力。蛤蟆，這樣你應該可以明白，為什麼你會拒絕把心門打開，因為它通往一條艱苦的路。」

「但這扇門也可能導向深刻的領悟。」蛤蟆平靜地說。

「當然，這也是為什麼我們要一起合作，走在同樣的路上。」兩人久久都沒再說話，只是彼此相伴，一切盡在不言中。

最後蒼鷺打破沉默說：「我們可以繼續吧？你剛剛提到老獾的造訪和你的感覺。讓我先問你一個問題，你認為他來拜訪你時是處於何種狀態？」

「當然不是兒童自我狀態，這是一定的。我甚至很難相信他曾經是孩子，他總是讓我想起我父親。」蛤蟆說。

「很好，我認為你說得完全正確。事實上，老獾正是處於父母自我狀態（Parent Ego State）。」

「那到底是什麼？」蛤蟆問。

蒼鷺說明：「當我們處於父母狀態，我們的行為就像父母一樣。別忘了，父母是我們最早接觸的人，對我們的影響難以估計。父母狀態涵蓋自出生以來，從父母那裡學到的所有價值觀和道德觀，也包含我們人生的評判標準，左右我們對於好與壞、對與錯的判斷。這些價值觀源自父母，所以父母是最能影響我們行為的人。我們童年的生活受到父母的言行舉止形塑，因此我們一輩子都不可避免地受到影響。」

「你認為老獾的父母可能是嚴厲的道德主義者，所以他才會表現那樣的行為？」蛤蟆問。

「是很有可能，但別忘了，我們絕不是父母的翻版。我們雖深受父母的影響，卻又因每個人自身的獨特性而不致成為父母的複製品，而是獨一無二的個體。」

蒼鷺繼續說：「當一個人處於父母自我狀態時，你預期還會看到哪些行為？」

「你是說看起來的樣子嗎？我想到自己的父親，他看起來很嚴肅，有時候很不高興。」

「嗯，說話的語氣呢？」

「憤怒。他有時沉默而冰冷，要不然就是大聲怒吼，讓人害怕。我不確定哪個更讓我害怕。」

「你是否還見過其他人處於父母狀態？」蒼鷺問。

蛤蟆想了一下，「有，我是碰過一些這樣的人，包括我們學校的一些老師。」他停頓了一下說：「仔細想想，才發現我一直都會碰到這樣的人。舉例來說，前幾天我到板球場看週六的比賽準備得怎麼樣，我們的球場養護工是個暴躁的傢伙，他正在擊球位置上畫白線。我走過去想跟他聊天，便問他進行得怎麼樣。他直視著我說：『我本來做得很好，直到你走過來！』這話讓我非常不舒服。」

蒼鷺笑了笑：「這似乎是很好的例子，還有嗎？」

「我又想到一個，現在想起來還覺得生氣。前幾天我拿幾個領結去乾洗店送洗，領結髒髒的，沾了湯漬之類的。櫃台小姐看了一眼說：『你需要的不是乾洗，是圍兜！』那女人講話真不客氣。」

蒼鷺笑著說：「我想你又有了很重要的領悟。我們把它寫下來。」

他走到掛圖前，寫下標題：「父母自我狀態」，下面畫個圈，中間畫一道垂直線，右邊寫下：「挑剔型父母」。

「蛤蟆，你要如何形容一個處於挑剔型父母狀態的人？」

「我想我們曾經說過。」他拿起蠟筆寫下：批評、憤怒、嚴厲。

「我想還有很多吧？」蛤蟆問。

「我相信是的，」蒼鷺說：「但這些應該已能概括挑剔型父母的特質了。」

蛤蟆坐下來，看著自己所寫的字。一會兒他說：「蒼鷺，有一點我不太了解。」

「你可以用問句表達嗎？這樣對你的學習會很有幫助。」蒼鷺說。

「起初，我沒有把握可以。但你剛剛說的父母自我狀態真的讓我大開眼界。舉例來說，這可以把老獾的行為解釋得非常好。他來我家時，他所說的每句話幾乎都是批評或挑剔，難怪老是讓我想起我父親！現在我既已明白了，下次見面我幾乎可以預料老獾會說什麼，會有什麼行為表現。」蛤蟆自信地說。

「太好了，你的情緒智商（ＥＱ）明顯在增長。」

「是嗎？」蛤蟆很驚訝。

「當然，智慧不只和ＩＱ有關，我們也需要ＥＱ。」蒼鷺解釋。

蛤蟆說：「好，那我接著要提出一個讓我覺得自己不是很聰明的問題：我的挑剔型父母在哪裡？你說每個人都有，源自小時候父母對我們說的話，對待我們的方式。這當然有助於解釋老獾和其他人的行為。那我呢？我的挑剔型父母在哪裡？我真的不認為我有，我幾乎從來不發怒。這是真的，蒼鷺。我不會對人發怒，不會責備別人，也不會對人吼叫或批評。事實上，通常情況是相反的。我會看到別人最好的一面，鼓勵他們。我知道聽起來有點軟弱，但我就是這樣。」

沉默了好一會兒，蒼鷺說：「蛤蟆，你準備好進行更多的自我探索嗎？我指的是深入的學習。」

蛤蟆堅定地看著他，「是的，但你知道有時候會讓我受傷。我確實領悟了很多，但有時候我並不喜歡我發現的事實。」

「我知道，我知道，」蒼鷺深表同情，「但別忘了俗語說的，『沒有辛苦就沒有收穫。』」

「這類諺語讓我覺得特別煩，」蛤蟆說話比較有精神了，「經常能在印有海鷗和彩霞照片的日曆上看到，都是些陳腔濫調。」

「縱然如此，」蒼鷺說這句話的語調在蛤蟆聽來有些自以為是，

「我們試著就你的問題尋找答案，也許寫下來有助於釐清。」他走到掛圖前，翻開新的一頁，寫下：蛤蟆是否有父母自我狀態？

然後蒼鷺說：「我們要寫下這個問題的一些重點。」他寫下：

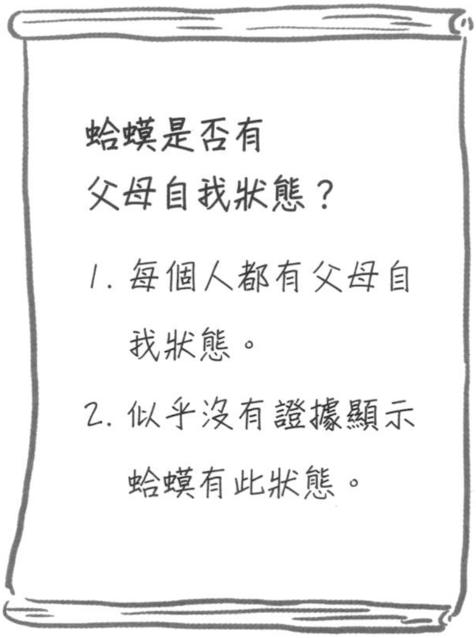
蛤蟆是否有
父母自我狀態？
1. 每個人都有父母自我狀態。
2. 似乎沒有證據顯示蛤蟆有此狀態。

然後他轉向蛤蟆，說道：「那麼我們的下一個問題應該是什麼？」

「顯然應該是：為什麼我沒有？」

「我認為還有一個問題更合邏輯。」蒼鷺說。

「什麼問題？」

「我們可以問，它是如何運作的？」

蛤蟆想了一下，說：「我不明白，你不是已經同意我沒有父母狀態，那又要如何運作呢？」

「我並不認為你沒有，事實上我相信你有很強大的父母狀態。問題是『它如何發揮作用』？顯然你與老獾的方式是很不一樣的。」蒼鷺回答。

「你真的把我搞糊塗了，我摸不著頭緒了。」

蒼鷺說：「在我看來，困擾通常是學習過程的第一階段，那是因為固定的界限開始被打破，你看到新的資訊，對你既有的信念與行為構成挑戰。由此產生的焦慮是讓你改變的動力，也可能會開啟你的創造力。」

但蛤蟆似乎未被蒼鷺的解釋說服，他氣呼呼的，說著語無倫次的話：「我那樣感覺沒有。」

「我們試著從另一個角度思考這個問題，」蒼鷺說：「我們可以把父母狀態想像成一個法官，他的職責是指控人，給他們定罪，接著當然就是懲罰他們。你覺得這比喻有道理嗎，蛤蟆？」

「當然有。」

「你認為老獾昨天的表現像個法官嗎？」

「當然，完全就是，我感覺像犯人在出庭。你知道這是我的經驗談，被定罪已經很糟糕，但更糟糕是連自己都覺得有罪。」

「那麼你會審判誰呢，蛤蟆？」

「這就是問題所在，」蛤蟆惱怒地說：「我沒有審判誰。我不是那種人。」

「蛤蟆，我可以請你再想一下，再問問自己，你在審判誰？」

沉默了許久，蛤蟆低聲地說：「我想我懂你的意思了，你是說我審判自己嗎？」

蒼鷺靜靜坐著，沒有說話。一會兒蛤蟆說：「我判定自己有罪，然後譴責自己，是這樣嗎？」

「再沒有一種批評比自我批評更強烈，也沒有任何法官比自己更嚴苛。」蒼鷺回答。

「天啊，你的意思是我們會懲罰自己？」蛤蟆顯得很驚訝。

「而且是嚴厲的懲罰，包括折磨自己，極端的案例裡，甚至會對自己施以極刑。問題是，即使刑罰不重，譴責和懲罰也可能伴隨一生，變成無期徒刑。」蒼鷺補充說明。

「那我可以怎麼做？我的人生還很長，如果我真的一直在懲罰自己，我可不要一直那樣。我想過得快樂一點。我該怎麼做，蒼鷺，你能幫我嗎？」蛤蟆問。

「這聽起來也許有些殘酷，蛤蟆，能幫助你的人是你自己，也只有你自己。有很多問題你需要對自己提問。舉例來說，你能停止審判自己嗎？你能對自己好一點嗎？也許最重要的問題是，你能開始愛自己嗎？」

蛤蟆定定坐著，一動也不動。一會兒，蒼鷺說：「你還好嗎？時間差不多了。」

「嗯，我沒事。」蛤蟆回應，「只是你給我太多東西思考，我的腦子嗡嗡作響，感覺有些暈眩。」

「那回家路上可要小心一點，我們下週再見。」然後蒼鷺又加了一句：「蛤蟆，要好好照顧自己。」

蛤蟆緩緩地穿過走廊，朝門口走出去。

Chapter 10

＼

午餐約會

此刻蛤蟆對萬事萬物，

乃致於周遭環境的感受都變得非常細膩。

走著走著，發現自己在檢視內心的感受，

就像飛機的飛行員在起飛前檢查儀表一樣。

上一次諮商讓蛤蟆感覺心情相當低落。把挑剔型父母的觀念運用在別人身上時（尤其是老獾），他能夠了解。但若用在自己身上，想到自己會自我批評甚至自我懲罰，這讓蛤蟆感到很不安。

同時他意識到自己正發生變化，他的內心深處多了幾分力量，他發現自己能夠比較理性地思考那些讓人情緒翻騰或是感到害怕的觀念。當他客觀檢視自己時，他情緒波動沒那麼大了，因而更能好好地理解自己，從而學習成長。但從理性角度看，他總覺得仍有一部分疑惑未解。

他明白了自己有很多時候處於適應型兒童狀態，也開始明白他真的會批評與懲罰自己（甚至有這個需要），就像小時候父母對他做的一樣。他想起蒼鷺關於共謀的說法：「偷偷地或無意識地配合別人」。一個人可能與自己共謀來譴責自己嗎？而且自己還不自知，甚至連潛意識也沒能察覺到？

蛤蟆很難接受這些觀念，尤其是與自我相關的部分。這些觀念在他的腦海掠過，像影子般無從捕捉與窺探。再往前走是哪裡？蒼鷺一直強調理解和學習，但這條路最終通往何處？自從與蒼鷺面談以來，他第一次產生困惑，不知這樣的諮商還要持續多久？

同時，蛤蟆卻也開始感覺比較有活力。有天早上，他沿著花園小徑走到沒有水的船屋，那裡擺了幾艘比賽的小船。他檢查後發現其中一艘似乎狀況還不錯。他將船拖到河邊，取槳，小心爬進去，開始慢慢往上游划去。他划得挺不錯的。他以前划船總會濺起不少水花，但這次他有意地克制自己，划了一會兒便掉頭。下船時氣喘吁吁、腰痠背痛，但感覺很好。

他告訴自己：「我真的划得蠻開心的，值得喝杯啤酒慶祝！」於是他便去喝了杯啤酒。

過了幾天，他接獲河鼠和鼴鼠的午餐邀約。自從他陷入憂鬱，他們便不來打擾他。這有幾點原因，第一，他們對蛤蟆剛開始的行為感到有些尷尬，也有些不知所措。第二，就像所有生病或受傷的動物一樣，蛤蟆只想離開人群一個人待著，他也清楚釋出這個訊息。

但現在情況不同了。首先是天氣變得比較好，陽光一天比一天溫暖，河岸上下的船隻都被塗上油漆和保護漆，準備迎接夏天的到來。傳言蛤蟆又在划船了，氣色看起來還不錯。不過最重要的是因為河鼠和鼴鼠很想念他，所以決定邀請他共進午餐。

蛤蟆沿著河岸走向河鼠家的路上時感覺變得非常敏銳，彷彿平常穿在身上的盔甲已經卸下。他的各種感官，尤其是視覺特別敏銳。花草樹

木的顏色異常生氣蓬勃，他從來不知道綠色的層次竟然有這麼豐富。此刻他對萬事萬物、乃致周遭環境的感受都變得非常細膩。走著走著，發現自己在檢視內心的感受，就像飛機駕駛在起飛前檢查儀表一樣。他雖然對於再次與朋友見面有些不安，但整體而言心情不錯。他心想：「如果蒼鷺問我此刻在情緒溫度計測量我的感受，我會說八分。」

他到達時，朋友非常熱情的歡迎他，讓他坐在火爐旁最好的椅子（室內依舊很冷）。鼴鼠還拿了很多墊子環繞在他旁邊，讓他坐得舒適。

「噢，蛤蟆，見到你實在太好了。」鼴鼠說：「我們都好擔心你。」

「是啊，我們都很擔心，」河鼠語氣生硬，他無法像鼴鼠那樣輕易流露感情。「我們當然都很想念你，要來杯雪莉酒嗎？」

河鼠拿來一小杯無甜味的雪莉酒，蛤蟆試著慢慢喝。他搞不懂怎麼有人能用這種小杯子喝那麼久，他一般都喝白蘭地加蘇打水，若在家喝雪莉酒也是用紅酒杯。

「你們都好嗎？」蛤蟆問：「你們看起來氣色都很好。最近河岸有發生很多事嗎？我是不是錯過很多？」

「也沒多少事，」鼴鼠答：「你知道冬天就是這樣，通常沒有什麼活動，今年太冷，不太適合出去。」鼴鼠頓了一下，「但你有沒有注意到什麼，蛤蟆？我花很多時間裝飾這個房間。你喜歡這壁紙嗎？那是設計師威廉．莫里斯（William Morris）的作品，叫做『柳枝』。」

蛤蟆環顧四周，發現這個房間真的和他上次看到時很不一樣。新的壁紙圖案是漩渦狀的褐色細柳，長滿綠色與黃色的葉子。鼴鼠連天花板都粉刷過了，加上舊的橡木家具和火紅的壁爐，整間房間散發著樸實舒適、雅緻的氣息。

「很棒，」蛤蟆說：「你裝飾得很好，若是蛤蟆莊園有一半漂亮就好了。」他開始感到有些喪氣。

河鼠打斷他：「我們來吃午餐了吧！你知道這不是什麼山珍海味，我們的生活很簡樸。」

鼴鼠本來要加一句：「不像你在蛤蟆莊園的生活。」但看到蛤蟆的樣子便不說了。

午餐簡單而美味。河鼠準備了洋蔥濃湯配麵包丁，還有斯蒂爾頓起士、新鮮脆皮麵包、奶油、酸黃瓜。最後是一盤上好的考克斯橘黃蘋果（Cox's Orange Pippin），同時配上一瓶冒泡的啤酒。

很快地大家開始隨興聊起來，蛤蟆感覺很自在，幾乎又回復原來的他。他聽了河鼠的小故事笑了起來，也說了自己的一則趣事。鼴鼠問他最近有沒有見到老獾，「我們好久沒見到他了。」

「這可奇怪了，他不久前才來找過我。」蛤蟆回答。

「找你！」河鼠叫起來，「他一定心心念念想著你，我從來沒有聽說老獾找過任何人。」

「不是那樣的。」蛤蟆於是說起老獾來訪的經過，以及要他辭職讓老獾接任的事。

聽完蛤蟆的敘述，鼴鼠說：「太讓人驚訝了！真大膽！老獾是有很多優點，幹勁十足，但有時真傲慢。太過分了！」

河鼠也有同感：「可不是，但你還沒有告訴我們，你最後決定怎麼做。」

「我沒說嗎？其實我想了很久，甚至還和蒼鷺討論。」

「那是你的諮商師嗎？」鼴鼠打斷他，「諮商進行得怎麼樣？」

「還不錯，」蛤蟆繼續說：「我原本已打算辭職，我感覺無法再和老獾對抗了，他是那麼強壯又有自信。但我又想到，我為什麼要辭？為什麼要認同他的想法？為什麼不能做我想做的事？坦白說，我對他感到很憤怒。」

「那你去找老獾說了嗎？」鼴鼠很感興趣。

「沒有，我決定不要去找他，我覺得看到他以後一定會認輸。我承認自己很幼稚，但這是事實。因此我寫了一封信給他，表示經過考慮後我不辭了，因為我的狀況已經有改善。如果他有興趣，可以在九月董事會重選時加入選舉，再看到時如何發展。」

「做得好！」河鼠由衷地說：「而對這種情況，我認為你處理得太好了。」

鼴鼠也同意：「的確，我認為你贏了。」

「你們真的這樣認為？」蛤蟆有一種奇怪的舒暢感，「做完這件事後我整個人累垮了，感覺好像打了一場不是我選擇的仗。無論如何，已經結束了，不用再管它了？希望如此。」最後這句是壓低聲音說的。

又聊了一會兒，蛤蟆說他得回去了。河鼠和鼴鼠說要陪他走，因為需要運動。於是三個好友就這樣走回蛤蟆莊園，蛤蟆謝謝他們的午餐，三人約定要很快再聚會。

「說不定可以打橋牌？」河鼠建議，他很會打，鼴鼠就是他教的。

「那得再找一個人。」鼴鼠說。

「別找老獾！」蛤蟆反應激烈。

河鼠說：「不，我想的是水獺。反正現在不急著決定，再聯絡吧，再見了！」兩人便離開了。

回去的路上鼴鼠問河鼠：「你覺得怎樣？」

「關於什麼？」河鼠在想別的事。

「當然是關於蛤蟆，你不覺得他變了嗎？」

「有啊，但很難說清楚是哪裡不同。」

「他變得比較會傾聽，」鼴鼠回答：「這是關鍵。他開始懂得傾聽，更重要的是，他似乎真的對我們的話感興趣。以前你還沒講完一句，他就來插嘴。老實說，他變得比較隨和、比較平靜，不像以前那麼煩人了。」

「我懂你的意思，」河鼠附和：「他以前是有點蠢，老是自誇、自以為是。我想這次崩潰（大家已公認蛤蟆的狀況就是崩潰）確實讓他澈底喪志。但聽到他和老獾的事讓我很驚訝，以前的蛤蟆絕不會挺身和老獾對抗，他變化真大！」

「我也這麼認為。」鼴鼠感傷地加了一句：「可是，我覺得蛤蟆失去以往的風采了。」

Chapter 11

蛤蟆先生的選擇

他開始對蒼鷺生氣，蒼鷺和他的父母
在他眼前慢慢融合成一個仇恨的對象。
他感覺自己就在可怕的暴怒邊緣，
若釋放出來將後果不堪設想⋯⋯

「你今天感覺如何？」蒼鷺問。下一次的諮商面談又開始了，蛤蟆不僅預期他會這麼問，事實上他早已迫不及待地要回答。

「我感覺好多了，明顯比過去快樂，也有活力許多。」他告訴蒼鷺他開始划船了，還和兩個朋友一起吃午餐。

「真是太好了，但是蛤蟆，你有沒有想過，為什麼會有這些變化呢？」

「我不確定，」蛤蟆停頓了很久才說：「要了解自己腦袋裡的想法很困難，但我確實感覺更有力量了，這很難解釋。有時候，那種熟悉的感覺還是會回來，我會悲傷，會覺得沒價值。那種情緒還藏在我心裡某個角落，但已不再占據主要位置。我似乎已能將它推到一旁，不再被它牽制。」

「很高興聽到你這樣說，你顯然已發展出自我洞察與情緒智商

（EQ）。現在我要問你一個問題，」蒼鷺凝視著蛤蟆，「你剛剛回答我的時候是處於何種狀態？」

蛤蟆想了想說：「當然不是父母自我狀態，我知道也不是兒童自我狀態。」他停頓了一下，「最近我一直在想，應該還有另一個自我狀態存在，這時候你的行為不像父母，也不覺得像兒童，而是比較成熟，比較像當下的自己，如果這麼說合理的話。」

「當然，」蒼鷺語氣熱烈地說：「確實有這樣的狀態，你靠自己發現了。太棒了！」

「有嗎？」蛤蟆有些驚訝，「那叫什麼？大人狀態？」

「不完全是，我們稱為成人狀態，加上它，這樣便構成完整的三種自我狀態：父母、成人、兒童，這三種狀態構成你的人格結構。我們可以簡單地畫出來。」蒼鷺拿起蠟筆，正要在掛圖上寫字，蛤蟆打斷了他。

「我可以畫嗎？我知道怎麼畫。」蛤蟆在掛圖上畫著：

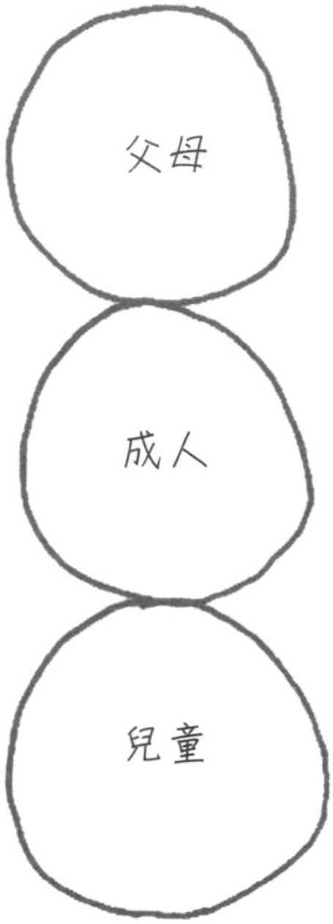

「你可以多說一些關於成人狀態的事嗎？」蛤蟆問。

「成人自我狀態（Adult Ego State）指我們能以理性、不情緒化的方式，來處理當下發生的真實狀況。」蒼鷺回答。

「這到底是什麼意思？」

蒼鷺解釋：「意思是在這個狀態下，我們能夠計畫、考慮、決定與行動，我們能表現理性且合理的行為。處於這個狀態時，我們所有的知識與技能都能立刻派上用場，不會被父母過去的聲音所驅使，或是被童年的感覺淹沒。相反的，我們能夠考量當下的狀況，並依據事實決定要怎麼做。」

「這是否表示成人狀態比其他狀態更重要？」

「那倒不是，」蒼鷺回答：「在成功人生裡，這三種狀態都是不可或缺的。它們都是千百年演化的結果，所以每一種狀態肯定都很重要，都對生存有價值。但我們可以說這個成人狀態是具有特別的重要性。」

蛤蟆聽得很專注。

蒼鷺繼續說：「唯有在成人自我狀態下，我們才能對自己有新的了解。」

沉默了許久，蛤蟆說：「你確定嗎？蒼鷺，我在兒童狀態下不能學習到什麼嗎？」

「我想是不能的。在兒童狀態下，你會體驗到童年的感受，包括好的、壞的。你會重演過去的情況，體驗過去的情緒，但完全無法學到新的東西。」蒼鷺解釋著。

「我明白了，但如果我在父母自我狀態呢？也無法學到什麼嗎？」蛤蟆問。

「我想答案同樣是不能，但理由不太一樣。當你處於父母狀態，基本上你會批評或教育別人。無論是哪一個，你都是在言行重複你從父母那裡學來的觀念與價值觀，而且想要表現或說給別人知道，讓別人接受你的想法。這種確信無疑的狀態，是沒有空間容納新的知識或觀念，因為舊的知識與觀念牢不可破。這就是為什麼光靠爭論並不會改變一個人的想法，只會更執著於自己的觀點。」

蛤蟆停頓了一下說：「你是說我只有處於成人自我狀態時，才能

對自己有新的了解？」

「是的，你說得沒錯。唯有在這種時候，你才會思考當下的事情並評估自己的行為，或是傾聽別人對你的看法而不會立刻駁斥，當然這一點很難做到。」蒼鷺肯定地說。

「那為什麼我感覺學習這麼困難？如果真的如你所說的，你為什麼不直接帶我進入成人狀態，告訴我該怎麼做就好了？這樣不是省事很多。」

「我不知道你說這些話是不是認真的，但我假定你是的。第一，沒有人能迫使另一個人進入成人狀態。你只能鼓勵他進入，這正是我一直在做的。但我不能強迫你，只有你自己能決定要怎麼做。」蒼鷺停下來，專注地看著蛤蟆。

「第二呢？」蛤蟆立刻接著問，希望能減輕他開始感受到的壓力。

「第二，我也不知道你該怎麼做。我們進行諮商的主要目標：讓你自己發現該怎麼做。我可以從旁協助，但只有你自己能做決定。」

蛤蟆慢慢地說：「是的，這我發現了，但為什麼這麼困難？」

蒼鷺想了一會兒，說：「因為這需要很努力和刻意的思考。當你處於另外兩種狀態，像父母或兒童那樣。你的行為幾乎不需要思考，因為我們知道該怎麼做、怎麼說，很像參與戲劇演出。」

「什麼意思？」蛤蟆很喜歡業餘戲劇表演。

「那就好像扮演一個你喜歡又熟悉的角色，你知道你的台詞和動作。以憤怒者的角色為例，扮演憤怒者的人很清楚如何發怒。遇到適合他演的劇情時，他能一字不漏地說出台詞，而且他就是會經常碰到，這不是很奇怪嗎？他不假思索就能將音調提高到適當的音量與高度，自動篩選適當的用語，整個姿態都在表現他的怒氣。簡而言之，他將憤怒者扮演得完美無缺，而且關鍵在於，他連想都不用想！彷彿一輩子都在為這場演出排練，而且因為太頻繁地演這個角色，也就愈演愈好。」蒼鷺很清楚地解釋給蛤蟆聽。

蛤蟆相當焦慮地問：「你是說易怒的人是故意要發怒的？是自己選擇那個角色的？」

「當然，否則為什麼要那樣做？」

蛤蟆停頓了一下，「也許是有人激怒他們？」

「蛤蟆，你提出一個很重要的觀點，很值得仔細探討。我不相信任何人能讓我們產生任何感覺，除非是使用武力和威嚇。歸根究柢，我們的感覺是自己選擇的，我們選擇要生氣或悲傷。」

蛤蟆打斷他：「噢！怎麼可能？只要是心智正常的人都不會選擇感覺悲傷或沮喪，那根本不合理。」

「我知道聽起來不太可能，但你可以從另一個方向思考。誰能進入你的腦中，迫使你產生任何感覺？那才是真的不可能。他們可能會影響或說服你，但歸根究柢是你自己決定與選擇要有什麼感覺。」蒼鷺說。

蛤蟆一臉困惑，「你是說人們內心的痛苦與折磨是自己選擇的？我真的無法相信。」

「我承認這很難接受。」蒼鷺說。

「要我說，絕對不可能！」蛤蟆低聲喃喃著。

蒼鷺顯然沒聽見，「也許用『選擇』這兩個字不是很恰當。我們選擇怎麼感受和選擇要不要再吃一塊巧克力是兩件不一樣的事，我們在潛意識裡做這些選擇時比較像是制約反射（conditioned reflex）。」

「什麼是制約反射？」蛤蟆問。

「制約反射是針對特定刺激物做出自動反應。你應該聽過俄國生理學家巴洛夫（Ivan Pavlov）著名的研究——狗狗聽到鈴聲便流口水，因為牠已學會把鈴聲和食物連結。那可憐的狗兒自從習慣這個連結後受到制約，完全無法控制自己，變成自動反應。」

「我想那就像兩腿交叉時，若醫生敲你的膝蓋，你的腳自動會彈起來，你無法控制腳不彈起來。」蛤蟆接著回應。

「正是如此，」蒼鷺熱烈地回應：「這個例子充分說明我的意思。不同的是我們談的是情緒上的行為。過去的經驗讓我們學會對相似情況下不經大腦就能做出自動反應。可以說我們就像那些狗，無法避免這樣的反應。」

蛤蟆打斷他：「但那正是我剛剛說的，既然無法避免那樣做，那就不是我們的錯。你不能怪我陷入憂鬱，那對我完全沒有幫助。」他停頓了一下，「而且很不公平。」

蒼鷺沉默了很久，這讓蛤蟆感到非常不自在，接著，蒼鷺說話了：「那麼，蛤蟆，你最近會這麼不快樂，你認為該怪誰？是誰讓你感覺這麼糟？」

蛤蟆開始思考。他心裡隱約知道，自己正往錯誤的方向走，但他現在太激動了，不能或不願停下來。

「首先是要怪老獾，然後是河鼠，還有鼴鼠或多或少也有。我告訴過你，他們都是怎麼對我的，當我從……」他停頓片刻，「當我從外地回來時。然後你幫助我了解，我之所以會是現在這個樣子，和成長過程中父母對待我的方式有關。我知道他們也許是無心的，但我還是要怪他們。沒別人了，我就是要怪他們，讓我這輩子過得這麼慘。」蛤蟆憤憤不平地哭了起來，「不公平，太不公平了！」他繼續啜泣著。

蒼鷺靜靜坐著，這次他沒有將面紙盒推過去，只是坐著。最終，他說話了，語重心長的樣子讓蛤蟆立刻回了神。

「蛤蟆，你已經走到了十字路口，不能再回頭。你要往哪個方向走？」

「我不確定你是什麼意思，」蛤蟆擦乾眼睛，「你說得好像我必須做某種選擇。是這樣嗎？」

「是的，你總是責怪別人害你不快樂，你面對的選擇是：你還要繼續這樣多久？」蒼鷺問。

「但你明明知道另一個選項是什麼，」蛤蟆煩躁地說：「你要我怪自己，我不願意。」

「那完全不是我建議的選項，責怪別人是在兒童自我狀態下所做的，那似乎也是你最喜歡的狀態。但當你處於成人狀態時，適當的反應可能是什麼？」

蛤蟆試著思考蒼鷺說的，但內心充滿矛盾，潛意識裡他知道自己正面臨非常重要的自我探索的時刻，「我不確定自己知不知道。」他說。

「除了怪罪，負起責任聽起來如何？」

蛤蟆沉默許久，終於平靜地說：「我不確定是否明白你的意思。你是說我應該為自己的行為負起責任？」

「還包括你的情緒。這是很成熟的做法，但也是很困難的，不過比起怪罪別人，它還有一大優點。」蒼鷺說。

「什麼優點？」

蒼鷺回答：「表示你可以開始做點什麼。如果你為自己負責，你就會明白你可以自我掌權，也就會明白自己有力量改變你的處境，更重要的是，你有力量改變你自己。」

「那麼我的父母呢？我能拿他們怎麼辦？要怎麼做才能彌補我？」
「他們還健在嗎？」
「沒有，去世很久了。」
「你只能做一件事。」蒼鷺回答。
「什麼事？」蛤蟆焦急地問。
沉默了一會兒，蒼鷺說：「原諒他們。」

蛤蟆心裡有一堆話想說。他想問蒼鷺他為什麼要原諒父母，他們讓他這輩子過得很痛苦。他為什麼不能報復？讓父母也感受他小時候的心情？他開始對蒼鷺生氣，蒼鷺和他的父母在他眼前慢慢融合成一個仇恨的對象。他感覺自己就在可怕的暴怒邊緣，若釋放出來後果將不堪設想，甚至可能會殺死人。他坐在那裡，心臟狂跳、渾身躁熱。然而就像往常一樣，再強烈的憤怒最終都會消散，最後只剩下疲倦和痛苦。

很難判斷蒼鷺是否察覺到蛤蟆的情緒起伏。過了一會兒，他輕聲說：「我想我們應該結束了。」然後陪蛤蟆走到前門。

他們站在門階上，蛤蟆轉身問：「蒼鷺，你真的想了解我嗎？」

「這是多麼奇怪的問題！我非常想了解你，而且也在努力弄清楚，你發生的這一切是如何造就今天的你。」

「我知道，但你可知道我經歷過的一切嗎？你了解我的整個人生嗎？」

「若要這樣說，我是不了解，我知道部分片段，尤其是你的童年，但不知道你整個人生經過。你要告訴我嗎？」

「是的，非常想。我要把我整個人生經歷全部說給你聽，我從來沒有告訴過任何人。並不是說我的故事有多精彩，事實上應該是非常普通。我只是想要有個機會將我所經歷的事告訴某個人，就這麼一次，好讓你能懂我。」

「很好，我們下週面談時就這麼做。你來當說故事的人，對我敘述『蛤蟆的人生故事』，怎麼樣？」

「謝謝你了。再見！」蛤蟆朝大門走去時，他已經開始在計畫下次要說的內容。

Chapter 12

蛤蟆的人生故事

蛤蟆走在路上，想著自己這一生，

常覺得就像那隻可憐的籠中鳥。

他能夠逃離過去的人生，找到自由嗎？

一週後，蛤蟆坐在蒼鷺正對面，準備開始講述他的故事。他感到很興奮，因為他知道，再也不會有機會面對一個專注的聽眾說出自己完整的生命故事。

「我應該從哪裡開始呢？」蛤蟆問。

「都可以。」蒼鷺回答。

蛤蟆接著說：「好，我最早的記憶是坐在陽傘下的沙地上，感覺很悲傷。我們固定會去康瓦爾郡度假，在那裡我們有一間暗色的大房子，叫做摩司園（Moss Terrace）。你得走階梯上去，從那能夠俯瞰港灣的漂亮景觀。但記憶中那不是快樂的時光，我父親只有週末才來，我是家中唯一的孩子，我只能和保姆、母親待在那裡。母親總是很忙，因此我很多時間都是獨自待著，感覺很悲傷。」

「其他的家人呢？」

蛤蟆說：「如果你要我從頭說的話，那得從我祖父柯尼里斯（Cornelius）說起。他創立了老修院酒廠（Old Abbey Brewery），到現在都還在釀酒。只可惜現在屬於國家啤酒公司所有，製造拉格（Lager）啤酒。唉！

「我想他是那一代的典型代表，辛勤工作，像家長般對待員工，對家人也很嚴格。父親告訴我，在那個年代，每個男人在聖誕節時都會得到一隻火雞，每天午餐兩杯啤酒。我記得很小的時候，祖父帶我到酒廠辦公室逛，被稱呼『蛤蟆少東』。我還記得祖父指著我對主管說：『這是未來的董事長』，而我卻很害怕。」

「為什麼？」蒼鷺問。

「因為當時我就知道自己不想在那裡工作！」

「為什麼？」蒼鷺問。

「因為我很怕祖父，他的身材很高大，還相當有權有勢。我們住在村裡的大房子，他住在蛤蟆莊園。你無法想像我去蛤蟆莊園探視祖父母是什麼情景，裡面有女傭、僕人、廚子和一隊園藝工。每年的帆船賽期間，家裡連續好幾天都有訪客。據說有一年連王子和公主都乘船駕臨，在草坪享用盛大的午宴，但現在恐怕已不及一半的盛況。」蛤蟆哽咽了，一大滴眼淚從臉頰滑落。

過了一會兒，蒼鷺說：「你的父親呢？」

蛤蟆擤擤鼻子說：「我總覺得父親希望自己能更像祖父，可是實際上他沒有，我想就是因為如此，他對我更加嚴格和專制。即使他已過世二十年了，現在一想到他，我還能感覺到他對我的不認同。我從來沒成為他所希望的樣子！」

蛤蟆接著又說：「我父親湯瑪士工作很認真，表現很好，遵循著基督教教徒的職業倫理。我想他一直感受到繼承的重擔——不只要繼承酒廠，還要接下董事長的位子，尤其祖父退休卻仍占據董事長的職位時。父親雖然是總經理，卻始終活在祖父的陰影下，讓他不得不盡一切努力來證明自己的能力。」

「你記憶中的父親是怎樣的？」蒼鷺問。

「嚴厲而挑剔。我一直渴望得到他的愛與關注，卻一直得不到。母親經常說的一句話是：『西奧，現在不行，你看不出父親在忙嗎？』（我的教名是西奧菲勒斯，但沒幾個人知道）。有時候父親會以一種語氣叫我的名字，光聽就讓我兩腿發軟。」

「你的母親呢？」蒼鷺又問。

「好在母親對我慈愛許多，我記得她抱過我幾次，但從來不會當著我父親面前。他在的時候，母親對我比平時嚴厲，這會讓我感到愧疚與焦慮。我永遠無法明白自己究竟做了什麼，才讓她對我的態度突然轉變。不過其實她是個很有趣的人，我記得她陪我玩，尤其是打扮得漂漂亮亮唱歌給我聽。有一次父親突然走進來，她便立刻停住。直到今天，我還常常會感到莫名的焦慮與愧疚，這感覺就和那一次一樣。」蛤蟆說。

「那外祖父、外祖母呢？你還記得他們嗎？」

「你會問起這個倒有意思，」蛤蟆顯得比先前更有活力一些，「我小時候受到外祖父很大的影響。他是劍橋大學的學院董事，後來在鄰近的鄉村教區擔任牧師，積極參與南太平洋的宣教活動。讓大家驚訝的是，他被任命為布魯貝瑞（Blewbury）的副主教，後來還因擅長布道變得很有名。我常想，我可能遺傳了他的演講技能。」見蒼鷺沒有什麼反應，蛤蟆繼續說下去。

「大家都稱他『主教』，包括我母親。我們很少見到他，但我記得有一次他來我們的教堂布道。母親非常支持他的工作，我們家有很多捐款箱，形狀像稻草屋，屋頂有一個開口可以投錢。我聽說，這些投進去的錢會用來幫助主教到南太平洋蓋學校和醫院，更讓人興奮的是，那些錢還會用來建造船隻，在島嶼間航行。」

「但這和你記憶中主教的造訪有什麼關係？」蒼鷺問。

「我正要說到那裡，主教來布道時，帶領我們在精神上參觀了整艘船（雖然還未建造）。他為船的每一個活塞、帆柱、桅杆祈福，最後我們合唱《為在海上出生入死的人》（*For Those in Peril on the Sea*）。我深深為此著迷，我想正是在那時候，我的心裡埋下了種子，讓我終生愛上船隻與航行。」

「你的學校生活呢？」蒼鷺問。

「那是另一回事。我七歲時被送到布萊頓（Brighton）一所預備學校上學，叫做蓋倫斯（Galleons），我在那裡一直很不快樂。好在校長人很不錯，待人溫和，不過有些輕微的戰後心理創傷。整體而言學校待我們不錯，但食物永遠不夠。另外有兩件事讓我至今難忘。」

「什麼事？」

「首先，每學期開學時，因為離家而讓我感到孤單和悲傷；其次，學期末雖然很興奮地回家，結果卻感受不到一點溫暖，讓我無比失望。」蛤蟆緩緩地說。

「十三歲時，我去讀約克夏一所較不知名的公立學校，聖安狄米翁（St Endymion's），該校的結構與組織都以學校教堂為核心。學校推崇健身修行的基督教精神（Muscular Christianity），讓我常常累得喘不過氣來，又得不到同情。我一直不喜歡這種修行，團體活動更是讓我痛苦。常有人向我提起『你的外祖父主教』，我才發現原來他是學校董事之一。我很清楚知道，他一定對我的很多表現不滿意。」

「所以這一切都只有痛苦和悲傷？是嗎，蛤蟆？」蒼鷺問。

「當然不是，」蛤蟆的語氣多了幾分活力了，「我喜歡參加唱詩班，最大的成就就是在學期末的滑稽歌劇（operetta）裡擔任女主角。我也開始打高爾夫，將個人差點（handicap）減到十二球。最重要的是，我發現自己很會交朋友。我總能逗別人笑，還拿父親給的零用錢請同學吃糖果。大家叫我『老好人蛤蟆』，我蠻喜歡的。現在想起來，我還是喜歡別人這麼叫我，也許這就是我很喜歡鼴鼠的原因吧。」

蛤蟆停下來思考片刻，蒼鷺沒有打斷，蛤蟆繼續說下去。

「我很用功，成績不錯，一路讀到十二年級，從很多方面來看，我是從那時候開始找到了自我。從那時起我便開始戴領結，還記得我在家戴領結時父親強烈地不贊同。那是有史以來第一次，他的反應反而讓我有種真實的滿足感。我想，既然他對我不滿，至少說明我還有本事讓他不滿！從那之後我便一直戴著領結。」蛤蟆彆扭地玩弄著此刻自己深藍色、有圓點的領結。

「此外我在學校發起美食社團『布丁社』，我是創始社長。我們常越界到鄰村聚會，我對醇酒美食的興趣就是從那時候開始的。同時我還得了放蕩不羈的名聲，喜歡買史特拉汶斯基（Igor Stravinsky）和貝爾格（Alban Berg）的唱片。有些大師的作品確實很動聽，但現在我的品味不同了，更喜歡舒伯特。」

他透露的這些事讓人有些驚訝，不過蒼鷺縱使驚訝也並未表現出來，只是將細長的雙腿打開再重新交疊。他問：「後來怎樣發展？」

「我去讀劍橋。好不容易通過拉丁文入學考，爭取到分配給我們學校的名額。起初他們要我去讀神學，很難想像吧！但不久又要我改讀歷史，但我可不喜歡。」

「那你為什麼要同意？」蒼鷺繼續問。

蛤蟆焦躁地說：「你說得倒容易，我這輩子都是別人在幫我做決定的，你看不出來嗎？」

蒼鷺說他看不出來，但請蛤蟆繼續說下去。

「討厭歸討厭，我其實還蠻享受在劍橋的日子。我常和一群朋友在一起，應該都不是我父親希望我結交的類型。我們組成了『風神詩社』，每週一次到彼此的房間共進早餐，一邊朗讀自己的詩作，一邊喝著勃根地白酒。此外，我很會划船，所以夏天一到，我們便提著餐籃到葛蘭契斯特村（Granchester）野餐。」

「你的學業怎麼樣？」蒼鷺又問。

「我正要說到那個，不過談起學業還是讓人有些痛苦。」蛤蟆停下來深思，說：「因為額外的活動太多，課業不免受影響。坦白說，我根本沒在讀書。輔導課我也經常翹課，只會寫一封看似誠懇的道歉信給老師，隨信附上一瓶頂級波特酒。也沒人說什麼，直到最後一學期。」

「發生什麼事了？」蒼鷺問，身體略為往前傾。

「唔，」蛤蟆看起來很不自在，「這件事我從來沒有告訴任何人。我被叫到院長的辦公室，他宣讀『鬧事取締法』給我聽，說了一些很傷人的話，在我聽來其實很沒有必要。我再一次被拿來和我的外祖父主教相比，說我多麼不如他，我才知道原來外祖父曾經是劍橋的研究員。

「但最傷人的大概是學校的牧師對我做的事情。他曾經參加過一次我們詩社的早餐會，後來他寫一封信給我，要我好好思考信裡的一段經文，這段經文我永遠不會忘記。」

「是什麼經文？」蒼鷺此時顯然很有興趣。

「是《但以理書》第五章第二十七節，談到巴比倫末代國王伯沙撒的千人盛筵，突然出現神祕之手在牆上寫下的預言。」

「別賣關子了，」蒼鷺這時已非常好奇了，「到底寫什麼？」

「寫著：『彌尼，彌尼，提客勒，烏法珥新。』我從小就知道那則故事，還以為和童謠唱的一樣，代表『艾尼，米尼，糖蜜和防風草』（Eeney, Meeney, Treacle and Parsnips），不過我已經忘了經文真正的意義。」

「少來了，蛤蟆，」蒼鷺不耐煩地說：「真正的意思到底是什麼呢？」

「意思是『你被稱在天平裡，顯出你的虧欠』！」

長長的沉默，期間蛤蟆顯得坐立不安，蒼鷺則凝望著不遠處。等到蛤蟆似乎比較平靜了，蒼鷺問：「接下來呢？」

「大學裡誰都不願看到學生畢業考沒通過。因此我被安排修讀一門『特別課』，期末考只有一篇論文：『論尼爾森的一生』。我用一個月的時間發憤努力，最終通過了。當我告訴父親學校獎勵我修讀一門『特別課』，他又驚又喜，還調高我的零用錢！但我知道烏雲正在天邊，平靜的日子將因暴風來襲中斷。」

「先說到這裡，我建議休息一下。」蒼鷺離開房間，不久蛤蟆聽到水龍頭的聲音，之後蒼鷺便回來了。

蒼鷺問：「我們剛剛講到哪裡了？對，我想起來了，暴風即將來襲。可以請你繼續說下去嗎？」

蛤蟆繼續說：「很長一段時間，我父親一直明確的暗示我應該接管酒廠。想到酒廠就讓我害怕，我討厭那裡的氣味和蒸汽，而且七點半就要去上班！我通常要到十點才起床的！起初他還嘗試說服我，說那是我的職責，這個事業應該由家族傳承。但他的話讓我非常難受，感覺自己沒有能力，我就說我做不到。然後父親開始責罵我，說我是廢物，用各種難聽的話批評我和我的朋友，說我最不擅長的就是經營事業！」

「這一切給你什麼感覺？」蒼鷺問。

「你說呢？我當然很不快樂，那時很多時間都耗在酒店的雞尾酒吧，喝到醉醺醺才回家。」

「後來呢？」

「劍橋的一個朋友告訴我，以前我就讀的布萊頓預校要招聘一名初中老師。我去應徵，沒想到竟被錄取了。我和那些男孩相處得很好，理論上我什麼都要教，但學校最自豪的是海軍傳統，因此我對尼爾森的深入了解變得非常有用。我還蠻受歡迎的，坦白說，我也很樂在其中。我獲得了一個外號叫『討厭的蛤蟆』，我認為那是親暱的稱呼。」

「既是男孩中的男人，也是男人中的男孩。」蒼鷺低聲說。

「你說什麼？」

「沒什麼，後來呢？」

「我大概教了一年，有一天突然接到電報，告知我父親心臟病發去世了，要我立刻回去。顯然，他那時剛賣掉酒廠，我想這件事帶給他很大的壓力，要了他的命。母親獲得全部股份，去英格蘭西南部（West Country）和妹妹一起生活，我則繼承了蛤蟆莊園和一大筆錢。」

「你感覺快樂嗎？」蒼鷺問。

「不，」蛤蟆激烈地說：「很不快樂，感覺自己配不上。蛤蟆莊園很大，有宴客廳，還有一大片土地。我突然發現我必須照管這一切，包括廚子、傭人、外面的員工。晚上我會到各房間看看，很多我從來都沒進去過，我感到非常孤單。」

蛤蟆接著又說：「但我慢慢建立起自己的生活。我開始邀約朋友來吃飯，因為我討厭一個人吃飯。此外，我對划船十分感興趣，便和河鼠成為好友，再透過他結交鼴鼠。別人也開始邀我加入他們的團體，也許只是因為我現在是蛤蟆莊園的主人，但我也應邀成為村裡板球俱樂部和本地慈善機構英國皇家退伍軍人協會（British Legion）的主席。我膺選進入教區議會（Parish council），成為教區委員，就像我父親一樣。父親生前成立蛤蟆莊園住宅信託基金，為本地人提供住居，我是託管人之一，每個月都要花幾天幾夜去開展相關的各種活動。慢慢地，我發現自己擁有了公共事務與社交活動的網絡。」

「所以你感覺人生稍微比較有目標？」蒼鷺問。

「稍微，但沒有什麼事的時候，以前那種悲傷、孤寂的感覺又會回來，我就會有幾天心情不好。」

「你如何面對這些感覺？」蒼鷺問。

「我努力思考自己在哪些方面能有優異的表現，希望別人會看著我說：『瞧瞧蛤蟆，真棒！』我做的第一件事是划船。我買了幾艘不錯的小船，開始努力練習。我從來沒有告訴別人，但我的目標是在亨利划船賽中奪得銀槳獎（Diamond Sculls at Henley），只可惜一直沒有進步——連鴨子都笑我。有一天我醒來，心想：『去他的划船！』我便從此沒有再划過，直到前不久的早上。我的船屋裡擺著好多原本漂亮的小船，就這麼變成爛木頭。

「第二件事是迷上篷車。我看過雜誌上的照片，便買了最好的一部。這車真的很漂亮，全新的吉普賽篷車，車身漆成淡黃色，配上搶眼的綠色和紅色輪子。裡面配備齊全，我現在都還記得清清楚楚。裡面有小小的臥鋪、靠牆的小折疊桌、爐子、置物櫃、書架，甚至還有一個鳥籠養著鳥，各種人小樣式的鍋碗瓢盆。」蛤蟆停了下來，露出沉浸在遙遠時光的神情。

「篷車送來的第二天，剛好河鼠和鼴鼠來找我吃飯，他們同意和我一起去享受愉快的假期。至少我以為會很愉快！」

「天哪！」蛤蟆突然一聲嘆息，眼淚從臉頰滑落，「如果當時我就已經有現在的體認就好了。一開始一切都那麼美好，那麼激勵人心，就像暴風雨前的寧靜。我們都變回了小孩，至少我是這樣。這就好像詩人筆下的意境：『教堂時鐘停在兩點五十分，可還有蜂蜜佐茶香？』」[1]他停頓了一下，「然後一切都走樣了？」蛤蟆的聲音愈來愈小，回想邪惡如何闖入他的世界，最後再也說不出話，只是啜泣。蒼鷺靜靜坐著。

終於，蛤蟆擦乾眼淚，身體坐直一些，低聲地說：「我想之後的事你都知道了？」

「嗯，我和別人一樣讀過報導和書籍了，你這部分的人生恐怕將永遠成為眾所皆知的軼事了。」蒼鷺停了一下說：「我們在這裡暫停好嗎？我想你已經完整詳盡地告訴我你的人生故事，這讓我能更好地理解你，希望你也有這樣的感覺。」

「我是這樣覺得。」蛤蟆已經開始覺得心情好一點了，「坦白說，這個故事還蠻有趣的，不是嗎？」

「很有趣，但重點是你能從中學到什麼？」蒼鷺問。

這次面談就在這個問題中結束，蒼鷺送蛤蟆到門口。分開前蒼鷺說：「對了，大篷車旅行出事後，你篷車裡的那隻鳥怎樣了？我一直很好奇。」

「鼴鼠把牠帶回去照顧了，事實上還在他那裡。好心的鼴鼠。」

蛤蟆走在路上，想著自己這一生常覺得就像那隻可憐的籠中鳥。他能夠逃離過去的人生，找到自由嗎？他知道蒼鷺會怎麼回答，他會說：「這個問題很好。蛤蟆，你怎麼回答？」真讓人生氣！但回家的路上，蛤蟆已開始思考問題的答案了。

1「教堂時鐘停在兩點五十分，可還有蜂蜜佐茶香？」是英國詩人布魯克（Rupert Brooke）的詩「葛蘭契斯特牧師古宅」（The Old Vicarage, Grantchester）最後一句。

Chapter 13

心理遊戲

對你而言，這就是你看事情的唯一方式。
從那時起，你一輩子都在用這個觀點，
在你的世界裡生活和看待一切事物。

能像講故事那樣，將自己的一生全部告訴蒼鷺，對蛤蟆的影響超乎他願意承認的程度。

他發現能夠把自己的經驗告訴另一個人而不會被嘲笑或排拒，是多麼大的慰藉。不論是好是壞，這就是他的人生，他既不是偉大的聖人，也並非罪大惡極的壞人，他就只是他自己。最讓蛤蟆高興的是，蒼鷺似乎真的從頭到尾都很有興趣。

敘述的過程讓蛤蟆有機會完整檢視他的人生。他開始意識到，某些人與事對他有著長時間的影響，他看到自己如何面對，也看到一個事件是怎樣引發另一個事件。以前，當他回想過去時，那些發生過的事件都是片段的記憶重現，彼此似乎沒有什麼關聯。偶爾他會回想和檢視某一段較長的片段，例如入獄期間，但總是迫不及待要把這些不愉快的念頭拋開，趕快想別的事。

但現在，他開始有能力回想而不譴責任何人。他能找到不同的事件之間的關聯，客觀地加以檢視而不會感到愧疚。慢慢地，他開始了解某些事為什麼會那樣發生，以及它會帶來什麼樣的影響。換句話說，蛤蟆開始能省思自己的行為並從中學習。

當他從務實的角度審視自己的人生，發現從蒼鷺那裡學來的一些觀念對他幫助很大。

比方說，將人生比做舞台並不是新的觀念，比較新奇的是想到他可能有一套專屬自己的「人生劇本」，一有機會便照本演出。蛤蟆甚至不安地想到，他可能在潛意識裡操縱各種情勢，好讓那套劇本經常用得到。這是否表示在潛意識（這個名詞不再讓他尷尬）裡，甚至可能早已編好一齣他的「人生故事劇」，而且有一股不知名的力量正推著他走向那個特定的結局？

如果這些觀念是對的，或者如蒼鷺所說的「裡面存在真實性」，那麼他參與的是什麼樣的戲劇呢？有時候他看起來像在演一齣喜劇，飾演被嘲弄譏笑的對象，無論如何努力都無法改寫劇本。但最近他開始領悟，可能還有另一種生活方式，不必照著既定的劇本走，甚至可以沒有劇本，或者說，可以即興發揮。不過，這會讓人感到害怕的，沒有劇本，你怎麼知道該做什麼或說什麼？如果有劇本，至少可以省去自己思考和決定的麻煩。否則，和別人打完招呼之後要說什麼呢？

但從另一方面看，你會體認到每一個全新的時刻，都代表著獨特的機會和挑戰，這又讓人無比激動。蛤蟆認定，所謂活得真實，就是誠懇地回應當下的需求，如此便能打破從童年延續的因果循環，讓真實的自我擺脫過去的束縛，在自由中成為真正的自己。他決定從現在開始要以真誠的態度面對人生與生活。

下一次諮商的前一晚，蛤蟆做了一個讓人不安的夢。他夢見坐在飛機裡，穿戴以前開車的裝扮——帽子、護目鏡、手套。他坐在敞開式駕駛艙的後座，飛行員在前面。突然，飛行員轉過頭來對他露出可怕的笑，牙齒全部露出來。是老獾！「現在你要靠自己了，蛤蟆！」老獾大喊一聲，便從機艙跳出。蛤蟆看到他打開了降落傘。

蛤蟆非常驚慌不安，因為他從來沒有開過飛機，但他費了一番力氣總算讓飛機降落在田野。好不容易爬出來往空地跑，此時，飛機突然爆炸成為一團火球。蛤蟆被嚇醒，全身濕透，他感覺很害怕，同時卻又很興奮，因為他居然能靠自己的力量讓飛機降落並安全逃脫。

隔天蛤蟆去接受諮商，聊了幾句之後，蛤蟆便告訴蒼鷺，在他回顧人生經歷時，會聯想之前幾次面談中領悟到的想法。

「蒼鷺，我開始能以比較整體的角度看待我的一生，還能思考我的劇本和我經歷過的劇情。我不了解的是這一切從何而來？是否有一種方式可以了解我的人生劇本是怎麼寫出來的？因為我不太喜歡我在劇本裡的角色，到目前為止，這整齣戲我也演得不怎麼開心。如果可以了解它是怎麼寫出來的，也許我就可以加以改寫，我還是更喜歡喜劇收場的戲。」

蒼鷺微笑著說，「我明白你的意思，你一定希望自己參與演出的劇可以避開『命運無情的矢石』[1]。我們稍後可以探討如何因應這些情況，但就我的了解，你想要探索的是你的基本的態度與行為從何而來，對吧？」

「沒錯，但我不確定要如何進行。」

「如果我告訴你，要了解現在必須先看你的過去，你應該不會驚訝。事實上，你得回溯到你生命最早期的階段。從你出生到四、五歲，發生在你身上的每件事都會對你的人格發展產生很大的影響，包括你如何看待自己和別人。這種影響是普遍存在的。這些經驗會形成你對這個世界特有的看法，對你而言，這就是你看事情的唯一方式。從那時起，你一輩子都在用這個觀點在你的世界裡生活和看待一切事物。」

蛤蟆想了一下，說：「你的意思是，那就像天文學家只從一個角度看天空，便依據這有限的觀點建立起所有的觀念和計算方式？」

「沒錯。但這裡說的是你個人世界的心理視角，這個視角在你心裡深藏不露，可以說，是來自你靈魂的深度。」蒼鷺說。

1「命運無情的矢石」（the slings and arrows of outrageous fortune）一詞語出莎翁《哈姆雷特》第三幕第一場的著名獨白。

「那麼我看到的是什麼？」

「我們每個人看到的是不同的世界，端視早期的經歷而定。有時候彼此的世界差異太大，各自抱持太多不同的信念與假設，到後來只能以流血衝突來解決。」蒼鷺解釋著。

「我不明白，我們都住在同一個地球，彼此之間的差異不可能大到那個程度，不是嗎？」

「你應該知道是可能的，不是嗎？試著比較你的童年和在巴西貧民窟長大的孩子，或者舉一個更明顯的例子，一個同樣在英國出生的孩子，生長的家庭比你窮很多，但深受家人的疼愛與照顧。」聽了蒼鷺這麼說，蛤蟆的眼睛閃爍著淚光。

「這三個小孩都會形成自己獨特、與眾不同的世界觀。每個人的看法都很不一樣，是不是呢？」

「是的，我明白了。假設我們都給自己童年的某一天拍照，每個人的照片一定很不一樣，是嗎？」

「是的。但別忘了，我們談的不只是物質世界，還有你的內在、包含著情緒和情感的心理世界，這些都是透過你早年的經驗形成的。童年的經歷是如此強大而深刻，甚至會塑造每個孩子獨特的世界觀。換句話說，外面的世界變成了在我這裡的世界。」蒼鷺拍拍他的胸膛，一邊繼續說：「無論你對人生形成何種態度，對你之後的行為和苦樂都會造成影響，而且會影響一輩子，除非……」蒼鷺直視著蛤蟆，「除非你決心改變。」

「拜託，我的一輩子不可能都照著最初那幾年的經驗吧？我的意思是，那時我還那麼小，我的人生才剛開始，之後又發生了很多事情。比如後來我經歷過一些很刺激、很可怕的遭遇，我知道那些事情對我有很深刻的影響。」

「這早期的影響恐怕是無法迴避的，每一個人的人生都有開始、中間和結束三個階段。很顯然，開始的階段必定會影響著後面的階段，也因此你會依據早期的經驗形塑你的世界觀。」蒼鷺回答。

「我仍然不太清楚你說的『世界觀』，你可以說得更詳細點嗎？」

「可以，那就好像在你童年時，大約四、五歲，你會嘗試回答兩個問題。」

「什麼問題？」蛤蟆疑惑地問。

「第一個問題是『我認為自己怎麼樣？我是好的嗎？』第二個問題是『我認為別人怎麼樣？他們是好的嗎？』」

蛤蟆安靜地思索這個存在主義式的問題，終於，他開口問：「誰問我這些問題？」

「生命本身，尤其是你對生命的體驗。」

「但所謂『好』究竟是什麼意思？」

「『好』代表任何一種美好的特質，『不好』代表任何一種不美好的特質。」

「那麼我會怎麼回答？我可能其中一個問題答『是』，另一個問題答『不是』。」

「沒錯，每個問題都可以答『是』或『不是』，結果便可以有四種組合。我把它們寫下來。」蒼鷺走到掛圖前，拿筆寫下四行文字：

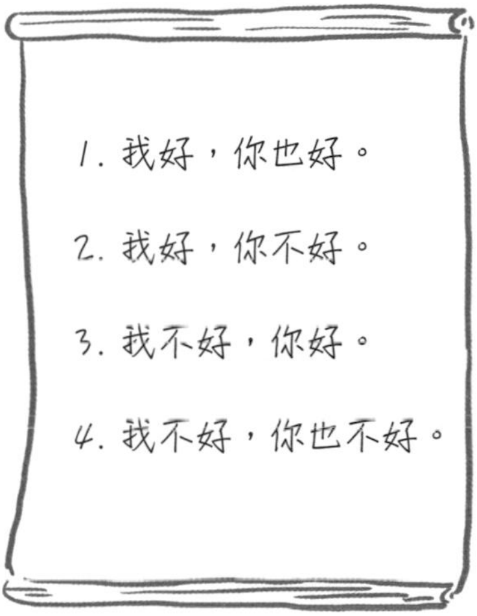
1. 我好，你也好。
2. 我好，你不好。
3. 我不好，你好。
4. 我不好，你也不好。

「蛤蟆，這樣你明白嗎？」

蛤蟆看起來不太確定，一臉困惑地說：「我不是很懂，你可以說得更清楚嗎？」

「畫一張圖可能有幫助。」於是蒼鷺畫了這樣的圖：

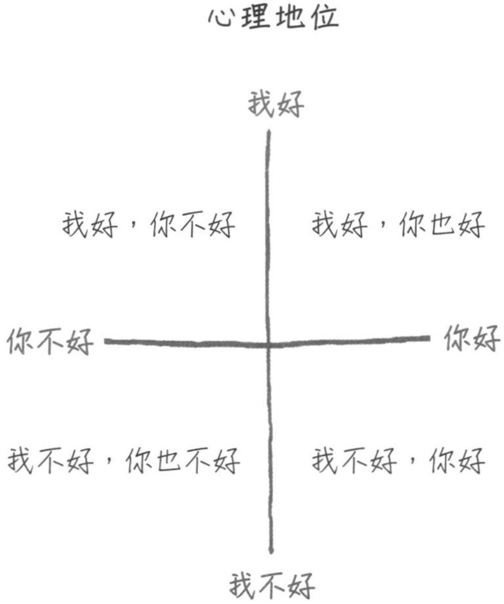

蒼鷺繼續說：「這座標圖上可以看到四個象限，代表我剛剛形容的四種心理地位。我們現在要做的是加以檢視，並釐清這四種情況的意義。」

「但這有什麼重要性？」蛤蟆不耐煩地說，他在椅子上動來動去，顯然很想挑戰蒼鷺的話。「我根本看不出來你如何能知道是不是事實，即使這都是事實，這對現在有什麼意義？畢竟我可能在三、四歲時選擇了這些『心理地位』的一種，但現在我已經……」他停頓了一下，「現在我已經成年，這似乎已經不重要了。」有趣的是，蛤蟆從來沒有透露他的年齡，蒼鷺也一直不知道。

蒼鷺耐心地回答：「親愛的蛤蟆，重點就在於這些是攸關一生的心理地位（life positions）。一旦我們在童年決定了何種態度，就會一輩子始終堅持自己的選擇。這些態度和觀點，變成我們存在的根本基礎。之後，我們建構的世界都是在印證與支持這些信念與預期。換句話說，我們將自己的人生變成自我實現的預言。」

「等一等，你又快把我搞糊塗了。預言不是預知發生什麼事嗎？就像以賽亞（Isaiah）、何西阿（Hosea）和《聖經》裡的其他先知一樣。」

「沒錯，但在這個情況下，我們會控制事件以確保預言實現，我們會確保自己的世界跟預期的一樣。」

「好吧，但這到底要怎麼辦到？」蛤蟆有些驚訝，「我們根本不知道將來會發生什麼事，所以我看不出來我們是如何能影響未來。你永遠不知道會發生什麼事，即使是看起來似乎確定會發生的事。」依據蛤蟆多年來的賽馬經驗，他很能證明這一點。

「我來介紹你認識一種新的觀念，可能會有幫助。」不等蛤蟆回答，蒼鷺已走到掛圖前，寫下：「不可避免的結果」。

蛤蟆皺著眉頭全神貫注，思索著說：「你可以舉個例子說明嗎？」

「當然，喝太多酒會有什麼不可避免的結果？」

「喝醉吧！」蛤蟆偶爾有這種經驗。

「還有呢？」

「隔天感覺很糟糕，宿醉。你是指這個嗎？」

「正是，這是喝醉酒不可避免的結果，這可以說就是決定未來的一種方法。舉例來說，假如你相信你的人生不快樂、不順利，今天喝醉就是你用的某種方法，它可以印證你明天會感覺悲慘的預期。換句話說，你在創造自我實現的預言。」蒼鷺說明。

「但只是和朋友喝幾杯，隔天頭昏腦脹，不需要做這麼嚴肅的解釋吧？」

「當然不必，我描述的是長期經常重複的行為，也許長達一輩子。

這種行為就稱之為遊戲，事實上這種遊戲有個名稱，叫做『酗酒』。」

「遊戲！」蛤蟆叫起來，「聽起來哪裡是什麼遊戲！」

「這是心理遊戲，有一本名著叫做《人間遊戲》（Games People Play），講的就是這種遊戲，裡面描述的遊戲有幾百種。玩這些遊戲不可避免的結果就是：當事人最後會感覺很不好、很不快樂。」

「你可以再舉一種遊戲的例子嗎？」

「很容易，但繼續舉例之前，我需要你回答一個問題。我們接下來必須探討的最重要的問題是什麼？」

蛤蟆試著思考，但這個問題來得太快，他有些困惑。「等一下，我不是很懂你的意思。」

「拜託，蛤蟆，我們可沒有一整天可以浪費。」蒼鷺不耐煩地說：「答案很明顯，想想看，你再想想看！」

蛤蟆感覺就像是回到學生時期，被問到一個他不知道答案的問題。

「真是傻呀，你都沒有注意聽我說的話嗎？」

蛤蟆還在喃喃地說不確定問題是什麼，蒼鷺突然笑了出來。

「蛤蟆，你喜歡這個遊戲嗎？」

蛤蟆相當不高興。「你突然問我那種問題很不公平，我不知道該說些什麼，你讓我覺得自己很笨。」

「很抱歉，但這就是一種遊戲。」

「真的嗎？」蛤蟆還是憤憤不平，「希望你明白我一點都不覺得好玩。這所謂的遊戲叫什麼來著？」

「叫做『猜猜我在想什麼』。長期以來，老師都在和學生們玩這個遊戲，老師當然穩贏的。這樣可以讓學生覺得自己很笨，就像你剛剛那樣，老師則可以征服無知的學生而獲得優越感。我必須承認，我不知道你這麼會玩遊戲。但我的意思你應該清楚了。」

「所以你當然不是在談『好玩的遊戲』，是不是？這聽起來很邪惡。」

「當然不好玩。每一種遊戲基本上都不是出於真誠，不像正常遊戲那樣讓人覺得興奮好玩，而是會引發非常戲劇化的效果。表面上似乎是在處理現實的狀況，其實受到更迂迴的因素驅使。玩遊戲體現在兩種層面，一是社會層面，看起來是公開誠實。而遊戲玩家真正的動機卻隱藏心理層面，動機是隱晦、不誠實的。兩者不可避免的結果都是讓人產生負面的情緒。」蒼鷺慢慢地解釋給蛤蟆聽。

蛤蟆沉默了很久，感覺非常疲倦。一方面他試著從理智上了解這些觀念，但在更深的潛意識層面，這些觀念似乎觸碰到他的真實自我，將他的情緒攪得一團混亂。他想要一個人靜靜地讓這些觀念慢慢滲透，讓思緒跟隨到該去的地方。他不確定最後會探索到哪裡，但感覺一定是往成長的方向走。

蒼鷺看到蛤蟆陷入深刻的省思，便說：「我想時間差不多了。」就結束了這一次的諮商。

蛤蟆離開前轉頭對蒼鷺說：「我感覺有些混亂。我知道這些遊戲和心理地位的觀念很重要，但我需要時間好好探索。我感覺你繞開了關鍵問題，所以我並不是真的完全了解。」

「你說得很對，這些觀念很重要但不易了解，前面只是約略觸及而已。我們就利用下一次諮商更詳細地探討，尤其是心理遊戲的部分。這樣好嗎？」

「謝謝，那正是我想要的，下週見。」蛤蟆說完便離開了。

Chapter 14

贏了遊戲輸了自己

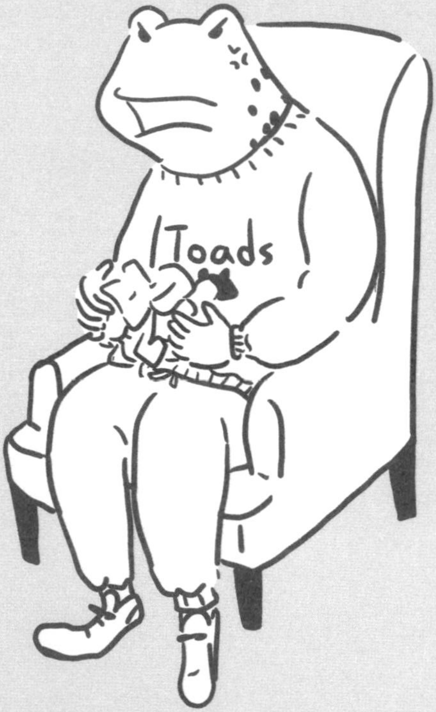

有些人會竭盡所能地選擇

記住那些悲傷和不愉快的事，

而忘記或忽略美好的時光。

在下次的諮商一開始，蒼鷺便說：「你若能了解人們玩的遊戲和他們的心理地位，對你會很有幫助。你還記得心理地位吧，蛤蟆？」

「記得很清楚。」蛤蟆走到牆上的掛圖旁，翻到上週那一張。

「很好，這張圖可以清楚看到四種心理地位，分別以四個象限代表。我建議一一去檢視每個心理地位，探討特定類型的人可能會玩哪種心理遊戲。你覺得這個方法如何？」蒼鷺問。

「我覺得可以，不過該從哪一個座標開始？我可以選擇嗎？」

「當然，你要選哪一個？」

蛤蟆翻到新的一頁，寫下：「我不好，你好。」接著對蒼鷺說：「這到底是什麼意思？」

「這代表一種人的行為態度，這種人對自己評價較低，認為別人都比自己好。」蒼鷺解釋。

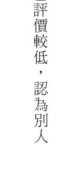

「哪方面比自己好？」

「幾乎任何方面。低自尊的人通常覺得命運之神給他一副很差的牌，卻給別人比較好的牌。一般而言，這種心理地位的人覺得自己是受害者，所以他們就會玩那些把自己變受害者的遊戲。」蒼鷺回答。

「例如什麼？」

「『我是倒霉鬼』。」

「你說什麼？」蛤蟆有些驚訝。

「那是遊戲的名稱。玩這遊戲的人相信自己是倒霉的，可以輕易告訴你一長串發生在他們身上的不幸事情。舉例來說，有些人會怪罪居住的房子帶給他惡運，甚至怪風水不好，總之就是會想到所有和惡運有關的迷信傳言，像是打破鏡子或灑了鹽之類的。」

「但我們確實可能運氣不好，不是嗎？」蛤蟆問，「例如我這輩子抽獎從來沒有中過，我想以後也不會。」

「我說的是更嚴重的情況，有些人會竭盡所能地選擇記住那些悲傷和不愉快的事，而忘記或忽略美好的時光。」

「這種生活態度似乎很讓人沮喪。」蛤蟆說。

「你的評論很有洞察力，」蒼鷺回答，「因為玩這種遊戲的人確實容易變得沮喪。他們覺得自己的人生被負面的力量影響，無法掌控人生，這讓他們感到焦慮，覺得自己不夠好。」

蛤蟆停頓了一下，問：「還有其他的遊戲嗎？」

「PLOM。」

蛤蟆立刻說：「這個我記得，代表可憐的我，之前的一次諮商你便是指責我在玩這個遊戲！」

「我是提過一次，但我並不是指責你在玩這個遊戲。我的目的不是指責，而是幫助你體認到你在玩什麼樣的遊戲，這樣你才能就此打住。」蒼鷺解釋。

「你真的認為我在玩這個遊戲？」蛤蟆問。

「你認為呢？剛開始諮商時，你確實陷入嚴重的自憐，你不這麼認為嗎？」

「你說得對。我確實覺得每個人都在挑我的毛病，尤其是在我剛歷險回來時，大家都對我很苛刻。那時我確實感到很沮喪，也常覺得自己不夠好。我一直希望別人能愛我，無論我做了什麼。」

「那是另一種遊戲了。」蒼鷺說。

「什麼遊戲？」

「『無論我做什麼都要愛我』。有些人會有意無意惹上麻煩，就只是想看看別人能寬容到什麼程度，什麼時候會排斥他們，然後他就可以說：『瞧吧，我早就說過你會這樣對我，證明我就是這麼差勁愚蠢。』這一類的話。」

「在我看來這個遊戲很危險，如果你深愛或尊敬的人放棄了你，你一定會覺得很痛苦，孤零零一個人。」蛤蟆說。

「我同意，你已經開始了解這些遊戲有多危險了，可能嚴重危害你的健康。」

兩人都沒有說話，各自陷入深思。

過了一會兒，蒼鷺問：「蛤蟆，你認為一個自認『不好』的人最極端的行為可能是什麼？」

蛤蟆低聲說：「自殺嗎？」

「是的。當然，我並不是說所有自認『不好』的人都會自殺。但你知不知道，在英國，自殺是年輕人最主要的死因之一？」

蛤蟆回答：「不知道，但我相信。我曾經陷入那種情況，很淒涼，很可怕。」他靜靜地回想自己曾經多麼接近那個深淵。過了一會兒，蒼鷺開口了。
「你認為人們在玩受害者的遊戲時，處於何種自我狀態？」
「應該是悲傷的兒童。」然後蛤蟆轉為更強烈的語氣說：「不，我應該更肯定地說，絕對是悲傷的兒童狀態。我親身經歷過，我知道的。」說完再度陷入沉默。

過了一會兒，蒼鷺問：「我們來看看下一個心理地位好嗎？」他寫下：「我好，你不好。」接著問：「蛤蟆，你了解這個心理地位的意思嗎？」

「應該可以。這種人必然自認比別人好，我想他們也會玩遊戲來強化這一點，對嗎？」

「的確是。這類人通常會在遊戲中發怒，或至少批評或批判別人。這種心理地位的人往往能高居有權有勢的位子，也就可以大玩特玩這類遊戲。」他在掛圖上寫下：「NIGYSOB」。

「這到底是什麼？」蛤蟆問。

「遊戲的首字母縮寫，意思是『我逮到你了，你這個壞蛋』。」

「這名字真難聽。」蛤蟆對於用詞遣字有時很講究。

「這本來就是很醜陋的遊戲。」

「什麼情況會玩這種遊戲？」

「通常會在職場上玩這種遊戲。首先，某人犯了錯，你可以想像這種事經常發生。然後上司注意到了，把那個犯錯的下屬叫進來憤怒地指責他，小題大作，對下屬咆哮怒罵。你應該看得出來，這個遊戲讓當事人可以看似合理地發怒，從而印證了『我好，你不好』的心理地位。他們可以藉此證明兩件事：第一，別人在本質上確實無能又不可靠；第二，責備與懲罰別人是他的責任。他們會說，『不然那些人會以為犯錯沒關係。』」蒼鷺解釋。

「噢，我很同情這個遊戲的受害者！這讓我想起小時候以及長大後，父親是怎麼對我的，我記得一清二楚。現在我明白了，NIGYYSOB 就是他最愛玩的遊戲之一。」蛤蟆說。

「不幸的是這種遊戲愈來愈常見，尤其是在組織機構裡。有權勢的人太容易把自己想像成嚴厲的父母，把員工當成不乖的孩子來懲罰，所以報紙上充斥各種霸凌事件。以你的情況來說，你當然無處可申訴。

蒼鷺接著說：「『我好，你不好』的心理地位還可能衍生出其他的遊戲，你可能也有這方面的體認，例如『你為什麼總是讓我失望？』這句話。」

「我的天，那又是我父親，他一天到晚說這句話。」

「或者說常玩這個遊戲。」蒼鷺說。

「沒錯，他常和我玩這個遊戲，每次都奏效。總是讓我感覺自己很沒用或很愧疚，父親則是印證了他的想法沒錯：我確實沒用，而他高人一等。你想是這樣嗎，蒼鷺？」

「恐怕真的是這樣，這樣便可印證他的道德優越感，這通常也和另一種遊戲有關：『你怎麼敢！』」

「處於這種心理地位的人，似乎總是需要攻擊和譴責別人。」蛤蟆說。

「你說得太對了，這種人是迫害者，會利用每個機會製造情境來批判與處罰別人。值得探討的是，他們內在不知住著怎樣的迫害者，才會導致這種行為。」蒼鷺停頓了一下，又問：「你認為這種自認『我好，你不好』的人最極端的行為表現可能是什麼？」

蛤蟆想了一會兒，說：「應該是殺人吧！」

「沒錯，所幸很少人這麼極端。但你可能聽過有些人這樣形容上司：『幫他工作真要命！』他們說的可是真的。」

「這種心理地位玩遊戲的人，都應該處在父母狀態吧？」蛤蟆若有所思地說。

「而且永遠是批評型的父母。這種人很容易批評人，動不動就發怒，還想用不可能達到的標準來評判別人。當然，有時候他們也會假裝是關愛的父母，會說出類似：『我這麼做其實內心比你更痛』或『我這麼做是為你好』的話，但我們多半聽得出這是虛情假意。這種心理地位的人還有一件事值得注意：他們很少（甚至從來不會）沮喪。」

「為什麼？」蛤蟆有些驚訝。

「因為憤怒是抵抗沮喪的絕佳防衛。憤怒的人從來不會覺得愧疚，因為他們總是怪罪別人。他們護衛自己的方式就是將內在的恐懼投射到別人身上，這樣他們可以把對自己的怒氣轉向別人。」

蛤蟆一臉困惑，於是蒼鷺又說：「我舉一個例子來說明好了。假設一個處於『我好，你不好』心理地位的人叫了計程車，結果車子沒來，這時他會感覺如何？」

「他可能會很生氣。我可以想像老獾大發雷霆，在電話中對車行的人大玩『我抓到你了，你這個混蛋』的遊戲。」蛤蟆回答。

「正是如此。現在再假設類似的情況下，一個處於『我不好，你好』心理地位的人會有什麼感覺？」

蛤蟆思考這個新的情況，結果讓他不太喜歡。「他不會生氣，這一點可以肯定，但之後我就不知道他會怎樣了。」

蒼鷺接著說：「蛤蟆，想像是你遇到那個情況。你在等計程車，車子卻沒來，你會感覺如何？」

蛤蟆想了一下說：「我想我會開始難過，想知道司機為什麼忘記來接我。我可能猜想，他接到更重要或更緊急的客人，我是排在最後面的。」停頓了一下，他接著說：「我甚至可能怪罪自己，懷疑可能是我沒有把時間、地點約好。」

「所以你看出差異了嗎？」

「當然看出來了，」蛤蟆的語氣有些激動，「但我應該從這裡面得到什麼啟示？我應該像老獾那樣發怒，告訴別人我對他們的想法，咆哮怒罵？你認為我應該那樣做嗎？」他停下來，直視著蒼鷺說：「你認為我是『不好』的那一型，是澈底的魯蛇。是不是？」

「完全不是。這些觀念不是拿來給別人貼標籤，攻擊或羞辱人的，只是用來理解行為，尤其是理解自己的行為。」蒼鷺回答。

「你的話好像在為自己辯護，我又沒有攻擊你。但我必須說，此刻我對你很生氣。我感覺怒氣在心裡翻騰了好一陣子，現在我要發洩出來。」

蒼鷺試著不表現出驚訝，但卻還是面露驚訝。

「你老是要讓我承認我的缺點和失敗，」蛤蟆繼續說：「卻從來不直接說出你對我的看法。這段時間你總是說：『你認為怎樣，蛤蟆？你感覺怎樣，蛤蟆？』從來不說出你對我的看法，難道你不是合格的諮商師嗎？誰知道那是什麼意思！有時候你根本就像我父親一樣，我想我受夠了！」他坐在那裡，直接與蒼鷺對峙。

諮商室裡一片沉默，最後蒼鷺說：「那麼，你打算怎麼做？」

蛤蟆簡直要爆發了。「你又來了，又提更多問題。我告訴你，我已經受夠你一堆該死的問題！」他看著蒼鷺，彷彿在質問他敢不敢答話。他感覺自己的心跳強而有力，但並不是慌亂地猛烈狂跳。他發現自己雖然真的很憤怒，卻完全能控制住自己。他同時意識到自己做了一件很重要的事，這件事某種程度和蒼鷺及蛤蟆的父親都有關係，儘管他還未完全搞懂是什麼。

如果可以坦白說的話，一部分的蛤蟆對剛剛的行為有些害怕。他不只是對蒼鷺無禮，而是在和他對抗。從某種角度來看，甚至可以說推翻了他，而這似乎也和他的父親有關。突然間他發現自己不必再扮演卑躬屈膝的角色了，他可以大聲表達自己的意見，說他想說的話。雖然他也明白，這不可避免將衍生出新的情勢，而那是他必須面對和處理的。例如，他現在要如何面對蒼鷺？

最後蛤蟆開口說：「我很遺憾，我這麼說可不是在道歉。這些話我早就想對你說了，剛剛似乎只是時機到了。你能了解嗎？」

「可以，你需要諒解嗎？」

「不需要，我為我自己所說的話負責。我想我們的諮商必須結束了吧？」

「我想是的，但仔細想想，我覺得我可以再面談一次。」蒼鷺說。

「為什麼？我真的覺得我們該做的都完成了。」蛤蟆問。

「是完成了，但還不完整。我之所以認為應該再面談一次，有兩個理由，第一，我希望你有機會回顧你在這裡所學到的，以及你接下來打算怎麼做。換句話說，你希望做哪些改變。」

「這我同意，第二個理由呢？」

「第二個理由是，我們之間似乎形成了新的關係，我想我們應該在這個新關係上共同努力，試著了解發生了什麼事。」

「我同意。」蛤蟆又加了一句，「謝謝你，蒼鷺。」然後兩人鄭重地握了握手。

Chapter 15

＼

最後一次按門鈴

蛤蟆知道他在生蒼鷺的氣，但也知道自己並沒有失控。

蒼鷺知道蛤蟆以一種很重要的方式和他對抗，

但並不是為了叛逆而叛逆。

總之，這個事件改變了兩人的關係……

蛤蟆回到蛤蟆莊園，第一件事是打開日記來看。有很長一段時間，日記幾乎是空白的，除了與蒼鷺定期面談的記錄。但隨著近來他的社交生活逐漸恢復，上面的記錄也愈來愈多。

當他陷入憂鬱而鼴鼠還未發現他的狀況之前，有一段時間蛤蟆感受到最可怕的了無生趣。時間在他面前蔓延，如同沒有路標也沒有盡頭的沙漠，每一天的生活充滿了空虛，人生毫無目標。他靠每天散步強迫自己的生活有一些規律，而諮商至少讓他在渾渾噩噩的每一週裡有事可做。

隨著他的心情轉好，情況也慢慢有了改變；蛤蟆內在世界的發展似乎反映在他逐漸恢復的社交生活上。舉例來說，前一週他參加了河岸板球俱樂部的年度大會，會上一致同意由他擔任主席。每個人都過來和他打招呼，都說很高興看到他精神恢復得那麼好。讓他又驚又喜的是，他們送他一個新的俱樂部領結，顏色是很有品味的檸檬綠、淡紫和巧克力色。當他繫上新領結換下舊的之後，大家都歡呼起來了，這一切都讓他感到特別的溫暖。他還得知在新的一季裡，每週六都有板球比賽，於是馬上寫在日記本裡。他荒蕪的沙漠將再度開始開出花朵。

蛤蟆檢視他的日記，愉快地期待著另一項記事——幾週後在紅獅酒店的午餐之約。昨天他才接獲河鼠的邀約，名為「歡慶午宴」。他不知道要慶祝什麼，因此打電話問河鼠。河鼠的回答讓他大為驚訝：「當然是慶祝你的康復，我們都會到場！」

但還有一項紀錄最能證明蛤蟆的態度已經轉變，那就是「我的新事業」。過去，蛤蟆與工作似乎總是格格不入，主要是因為他童年很害怕必須到酒廠為父親工作。但與蒼鷺的合作過程讓他反思，明白了自己若要繼續成長與進步，就必須要有目標，而要達成目標就必須好好工作。過去因為富足的生活削弱他的工作動力，讓他內心的力量和才智流失，就像一個停止訓練的運動員。但他感覺完全不同了，現在他要做的是競爭——而且要贏！

蛤蟆謹慎、漸進地為自己的將來擬定計畫。他與過去認識的兩個朋友見面，這兩人現在都在城市工作。他也和負責打理家族資產的銀行家見面，也是第一次仔細檢視帳目，才了解蛤蟆莊園與相關產業的經濟狀況極為嚴峻。這一切都激發他努力思考真正要做什麼，慢慢地心裡的念頭有了一個雛形：他要創業！

當蒼鷺出乎意料地打電話來延後下次面談的時間，蛤蟆一點都不擔憂。蒼鷺向他道歉，建議延到三週後的某一天。這其實正合蛤蟆的意，因為他已經安排和更多人見面討論新事業，需要多一些時間。最後他與蒼鷺敲定在蛤蟆與朋友聚餐那天的早上見面，他將這件事寫在日記上，將兩件事都圈起來以示重要性。

那天清晨，蛤蟆很早醒來，躺在床上想著這最後一次諮商會是如何。他對這次面談有些不安，其實蒼鷺也是，只是蛤蟆不知道而已。三週前最後那次面談導致那樣奇怪的情況，兩人其實都不完全了解是怎麼回事。蛤蟆知道他在生蒼鷺的氣，但也知道自己並沒有失控；蒼鷺知道蛤蟆以一種很重要的方式和他對抗，但並不是為了叛逆而叛逆。總之，這個事件是很有建設性且具有意義的，也改變了兩人的關係，但兩人都不確定接下來會如何發展。

早餐後，蛤蟆看天氣很好，決定騎自行車，不久便騎行在通往蒼鷺小屋的鄉間道路。他把車子靠牆停好，走到門前，最後一次按下門鈴，等待蒼鷺來開門。兩人正式地問候彼此，在平常的位子坐下。

「蛤蟆，這將是我們最後一次面談了。」蒼鷺說。

「是，以後不用再來這裡，我反而會覺得怪怪的。」蛤蟆回答。

「你知道我們面談了幾次嗎？」

「其實我知道，我看過日記。第一次糟糕透頂的面談不算，我們做了十次的諮商，但感覺好像更多。」

「是嗎？自從你第一次來，我問你感覺如何，確實好像很久了。你還記得你當時怎麼說嗎？」

「我記得很清楚，我哭了，在情緒量表上給自己一分到兩分。」

「你現在看起來確實比較開朗。第一次面談時，你看起來悲傷而沮喪，現在卻是活力而愉悅。」

蛤蟆的氣色確實不錯，兩頰比較豐潤，大眼睛清澈明亮。他穿著最近剛買的格子外套，搭配新的板球俱樂部領結。

「你現在感覺如何？」蒼鷺問。

「我還在想你什麼時候會問到這個，」蛤蟆笑著說：「我確實對自己滿意很多。我的食慾恢復了，睡眠正常了。你知道，有一陣子我睡得很不好，很早就會醒來。為什麼會那樣？」

「很難確切說清楚，但那是憂鬱的人一個明顯的症狀。我認為那和你內在的恐懼有關，當你有恐懼感時，焦慮的念頭就會進入你的意識層，讓你無法放鬆。那就好像你內在的警鈴被敲響，告訴你出問題了，希望你會去處理。」蒼鷺說。

蛤蟆想了一下，說：「也許你說得對，但我現在也比較有活力了，不只是體力，心理上也是。有一段時間我似乎對一切都提不起勁，做任何事都很費力。你知道，我那時幾乎沒辦法看報紙。但現在不同了。我已經開始擬定未來的計畫，我指的不只是像新年計畫那一類的願望，而是真正的計畫，詳列行動的細節與日期。」

「很好，這一切讓你現在感覺如何？」蒼鷺點頭問。

「我知道聽起來可能像老生常談，但我覺得很快樂。我真的期待每一天的到來，感覺每一天都充滿著新契機，而不久前，一切在我眼裡還是毫無意義的。改變真大，不是嗎？」

「確實。那麼在情緒溫度計上，你會打幾分？」

蛤蟆立刻回答：「今天我給自己九分，差不多要到十分了，但我要保留給以後，也許情況會更進步。」

「你對其他人的感覺如何？」蒼鷺問。

「你會問起這個很有意思。我不知道為什麼，但我們最初面談時，我對我的朋友和他們在做什麼毫無興趣。事實上，那時他們對我來說幾乎都是迫害我的人。但現在我當然已經沒有那種感覺，現在我真的很關切他們在做什麼，希望他們對我也是如此。」蛤蟆告訴蒼鷺諮商後要和朋友聚餐，以及他將要宣布的事。

「所以沒有自殺的念頭了？」蒼鷺直接問。

「完全沒有，我感覺現在比較能順其自然。但我不會忘記自己曾經多麼消沉，這段記憶會永遠在那裡，或許可以提醒我跌落到生活邊緣的人生是什麼樣子。」蛤蟆的表情很嚴肅。

過了一會兒，蒼鷺問：「那麼你如何形容現在的你？」

蛤蟆站了起來，走到掛圖前，翻到心理地位那一頁。

「我可能在『我好，你也好』的心理地位嗎？聽起來幾乎有一種不知天高地厚，但那真的就是我的感覺。」

「這是很勇敢的選擇。」蒼鷺說。

「你為什麼說勇敢，那真的是我的感覺。」蛤蟆問。

「是勇敢，因為選擇那個心理地位不只是選擇，同時也是承諾，終身承諾。」

「這究竟是什麼意思？」蛤蟆露出困惑的表情。

「我的意思是，『我好，你也好』的心理地位是動態而非靜止的狀態。你不能說『好，我到達了』，彷彿你剛征服了聖母峰一樣。當你認為自己好，也相信別人好，這需要透過行為與態度不斷地對自己與別人表現出這一點，而且這當然也無法保護你完全避開命運無情的矢石。」

「我懂了，你的意思是，『我好，你也好』其實是表現出一個人的信念。」

「是，非常接近人道主義者（Humanist）的信念——相信自己，也相信別人，而不一定相信神或超自然的力量。」蒼鷺回答。

「你說得好鄭重其事。」蛤蟆說。

「如果你所謂『鄭重其事』是指非常重要，那我不反對。」

沉默了一會兒，蛤蟆說：「我們的關係改變了，你不覺得嗎？之前，如果你對我說那樣的話，我會覺得你在貶低我，因為我說了蠢話。但現在我會加以思考，看看我是否認同你的看法。這一定是一大改變，不是嗎？」

「是的，那麼你認為我們關係的改變是因為我或因為你？」

蛤蟆微笑說：「我知道正確答案是什麼。我知道你要我說是因為我發生了變化，我很大程度同意這個說法。我知道自己改變了，我不再覺得那麼倚賴你，我可以質疑你的話而不擔心會被責備。」他停頓了一下，又說：「但我必須說，我認為你也改變了。」

「怎樣改變？」蒼鷺問。

「你似乎不再那麼教條或嚴苛了。有一段時間我常注意你是否顯露出絲毫贊同或不贊同的神情。但我必須承認，你看起來總是無動於衷的樣子，把你的情緒隱藏起來。」蛤蟆說。

過了一會兒，蒼鷺問：「那麼，就你剛剛所說的，你會如何形容諮商期間我們的關係？」

「我不知道是不是你有意造成的，很多時候我都覺得我們像是父子關係。我常想倚賴你，總希望你會說出很有智慧的話，提供我答案。」

「那我有嗎？」蒼鷺問。

「並不是真的有。你當然教了我很多，對我很有幫助，但你從來沒有給我答案。現在我明白了，你一直引導我自己回答自己的問題，讓我進入『成人狀態』。」蛤蟆停頓了一下，然後說：「但最近，我們的關係似乎變得輕鬆很多，尤其自從上次諮商之後，這似乎是我成長路上的一個重要里程碑。」

「你這樣說很有意思，因為我在想，我們合作這段期間你經歷了很特別的過程——我只能稱之為心理成長的過程。」

「怎麼說？」蛤蟆問。

「我的意思是，如同你剛剛說的，你剛來的時候處於倚賴的狀態，就像兒童一樣。你期待得到答案，總是希望從我這裡看到父輩認同的訊號。當然，我盡量避免這麼做，總是把球丟回你那裡，問你『有什麼看法』、『有什麼感覺』？這讓你很生氣。」

「當然！」蛤蟆回答時有些激動，「我之前總被你惹惱。你應該也知道，才會在上次面談時，我的憤怒終於爆發了。」

「我明白，現在我知道那是你成長之路很重要的一步。當時你的表現就像一個對抗父母的青少年。你的感覺像鐘擺一樣，從倚賴擺盪到憤怒到想要排斥，到最後能勇敢地面對我。事實上，你是在反抗自己對我的倚賴。」

「是嗎？那為什麼上次發怒對我很有意義？」蛤蟆問。

「因為你把對父親的感覺轉移到我身上，這叫做『移情』。你透過對我表達自己的想法，也終於能對他表達了。你真正找到了力量與勇氣表現出成人的樣子，而不再是個兒童。也就是說，你長大了，進入了成人階段，當你能自信主張你的權力，自然能獨立行事。」

過了一會兒，蛤蟆說：「我明白了，你的意思是在我們的諮詢過程裡，我從倚賴變成了對抗倚賴，最終走入了獨立的狀態。是這樣嗎？」

「我想是的。我們在諮商時用到的不只是頭腦去思考，也用情感去體會。你可以從理智來理解行為，但要充分理解自我，唯有通過和自己的情緒做連結。當你對情緒的感受越來越清晰時，你就能明白，它們並不是可有可無或可以隨意忽略，因為情緒正是自我的核心。」

「我明白了，」蛤蟆再次露出深思的表情，「你是說，上次對你發怒讓我改變了，因為我的情緒真正得到了理解。」

「沒錯。你在情緒上做了努力，從這個事件中直接學習到東西。每當我們真正能面對自己的情緒，都是一次成長的機會。這是真正透過經驗的學習。從出生以後，我們都是以這種方式學習任何一種重要的東西。」

「透過情緒學習——這聽起來和理智背道而馳，如果人們真是從情緒、情感中學習，那我們讀中學和大學有什麼用呢？學校不都是教人用理智而非情感去學習嗎？難道我們不需要學會解決問題、克制情緒？」蛤蟆問。

「你說得完全對。人們會學習這些能力，並努力提升解決問題的技術。例如現在很多的管理者處理的技術問題比以前困難許多，投入教育的人也比以前更多，我們的大學和商學院都擠滿人。智識與ＩＱ

的世界蓬勃發展，我們從來沒有像現在這麼了解周遭的世界……」蒼鷺停頓一下，然後平靜地說：「但EQ——情緒智商的世界呢？我們對這方面有多少了解？」

「我記得你提過一次，當時我不了解。EQ到底是什麼意思？」

「意思是了解你內在的情緒世界並能加以控制，你應該看得出來，這與IQ完全不同。」

「一個高EQ的人是怎樣的？」

「簡而言之，這種人有高度的自覺，了解自己的情緒。他們能管理自己的情感，能從悲傷與逆境中再站起來。也許最重要的是：他們能控制衝動、延緩滿足，從而避免倉促、考慮不周的決定與行動。」

「是這樣啊，我真的到最後一刻都還在學習。到目前為止，我一直不太擅於延遲滿足，這讓我惹了不少麻煩。我希望諮商之後，我的EQ能提高一些。」他停頓了一下，然後問：「EQ還會有其他的意思嗎？」

「有啊，EQ還與了解別人有關。高EQ的人能了解別人的感受，這種能力稱為『同理心』。但EQ帶來的最大能力是能夠了解與處理別人的情緒，因而能與別人建立良好的關係，這便帶到諮商結束前我的最後一個重點。」

蛤蟆一動也不動，完全專注在蒼鷺要說的話。

「EQ讓你能進一步在自我成長與完善的路上走得更遠，因為它將帶你從獨立的個體走向共生的關係。」

「這究竟是什麼意思？」

「獨立代表你以自己為榮，接受你全部的能力及與眾不同的特質，且隨時護衛新發現的自主權，就像一個國家擺脫殖民歷史獨立，這當然沒有什麼不好。共生則是體現成熟與自我接納，同時也接納別人的不同。共生才能與別人順利地互動及合作，包括社交上與工作上。」

「我明白，可是……」

蛤蟆還來不及說完，蒼鷺突然打斷他。「蛤蟆，瞧瞧時間！我們都超過十五分鐘了。真抱歉，我那說個不停的老毛病又犯了。真不好意思，我知道你結束後馬上有約。」

「沒關係，這次諮商很愉快，聚餐晚一點沒關係。」兩人都站起來走向門口，蛤蟆拿起帽架上的外套穿上。

「噢，蒼鷺，我差點忘了。」蛤蟆伸手到口袋裡，拿出牛皮紙包著的禮物。「這是給你的，小小的『感謝』禮。」

「太謝謝了，我要現在打開嗎？」蒼鷺問。

「打開啊！只是個小東西。」蛤蟆回答。

蒼鷺打開來，是一只很漂亮的小木碗，明暗紋路拋光得很細緻。

「我拿莊園裡被風吹倒的核桃樹做的，我一向喜歡把木頭做成木工藝品，用這個送你當做我們合作的紀念，我想你或許會喜歡。」蛤蟆說。

「非常感謝，我會永遠珍藏，可以提醒我與你合作期間時所學習到的一切。」蒼鷺說。

「真的嗎？」蛤蟆有些驚訝，「我不知道你也要學習，我以為只有我需要學習。」

「那就大錯特錯了，諮商永遠是雙向的學習，雖然我們各自學的是不一樣的東西。好了，你該走了，否則聚餐真的要遲到了。再見！蛤蟆。」

「再見，蒼鷺！謝謝你！」他騎上自行車，朝紅獅酒店騎去，再也沒有和蒼鷺見面。

Chapter 16

道別與新生

經歷了那麼多事，每個人對自己都有了更多了解，

改變已經發生，他們知道無論風險多大都必須往前走。

大家都成長了，學會將孩提的想法拋開。

河鼠決定要用一頓午宴的方式慶祝蛤蟆康復。「我們太容易任由重要的事件過去，不去特別留意或慶祝，可能因為我們總是得等事件過去了，才體認到它的重要性。」

河鼠會選擇在紅獅舉行餐會自有他的考量，那是一間古老的旅店，中央有個庭院，還有木板裝飾的餐廳。服務生似乎和建築物一樣老，鬍子長長的，白色的圍裙垂到龜裂的黑皮鞋上。

河鼠還未進餐廳就已知道菜單是什麼：漚莎濃湯、諾福克烤火雞附香腸，接著是雪莉酒鬆糕、乾式切達乳酪，另外加點咖啡。他提早到達，以確認他訂的包廂已安排妥當。他驚喜地發現這個包廂相當漂亮（名為艾西絲廳〔Isis Room〕），漿過的桌巾和白得發亮的餐巾，杯子和沉甸甸的老式餐具也是亮晶晶的。

他看一下酒單，如同他所預期的，有不少價格合理的好酒。他點了幾瓶波爾多紅酒，然後到酒吧等其他人到來。他先點了一杯最愛的啤酒「OBJ」——意思很適合今天的場合，「Oh Be Joyful!」（喔！歡樂起來），河鼠滿足地倚著吧台大口享用啤酒。

第二個到達的是蛤蟆。他覺得很輕鬆自在，期待和朋友見面，告訴他們所有的事。他將自行車停靠在餐館欄杆旁，拉一拉板球俱樂部的領結，信步走過庭院，卻忽然覺得雙腿癱軟。他瞬間發現自己身在何處，與這個地方相關的往事湧上心頭。這裡可是紅獅酒店啊，幾年前，他逃離這群勸他改過的朋友之後，就是在此吃了一頓豐盛的午餐，然後……（太可怕了！他簡直無法再想下去）他偷走一輛漂亮的汽車，接著就進入監獄。

所幸這時河鼠出現在門口，善解人意地說：「嗨，蛤蟆兄，你的表情怎麼像剛見到鬼一樣。你是第一個到的，我請你喝一杯。」蛤蟆這才稍微恢復鎮定，跟著河鼠走進酒吧。最老的那位服務生疑惑地一直看著他，但現在的蛤蟆已能睜大眼睛直視他，將外套拿給他。

河鼠問：「你要喝什麼？一杯苦啤酒？」

「當然不是，你知道我一向喜歡白蘭地加蘇打水。」蛤蟆回答。

「胡說！」河鼠的語氣很活潑，「我記得很多次你都喝啤酒。」

「哪一回？說來聽聽！」蛤蟆在練習他新發現的自信。

所幸在兩人的討論變得太激烈之前，鼴鼠和老獾一起到達。他們共乘計程車，一如往常，老獾又讓鼴鼠付車錢。

「嗨，老獾！嗨，鼴鼠！」

不久，大家一起站在酒吧裡，熱烈地聊起天來。

老獾以和藹的語氣說：「河鼠，你提議聚餐這個主意真好，做得好。」河鼠幾乎覺得老獾要拍他的頭了。蛤蟆正在告訴鼴鼠他的誇張的經歷，鼴鼠不時回答：「真的嗎？」、「之後呢？」事實上他以前就聽過了，現在他心裡想的是待會兒的午餐。

這時，那位老服務生走進來對河鼠說：「先生，午餐準備好了，請各位入座。」於是他們一一就座，不久便開始喝湯、大啖火雞、暢飲河鼠選的優質紅酒。接著還有雪莉酒鬆糕——裡面真的有雪莉酒。

「很特別，」老獾說：「通常廚師都只是輕輕灑一點。」

蛤蟆和鼴鼠都要了第二份，之後送上起士和咖啡，這時大家都已喝到微醺，心滿意足。蛤蟆正要從菸盒裡拿出一支很大的雪茄，卻看見老獾的嚴厲眼神，只好將那惹人厭的雪茄放回去，拍拍口袋彷彿只是在找手帕。

老獾和藹地對大家微笑說：「大家有什麼計畫嗎？」

小房間裡沒有人說話。小動物通常不太計畫未來，對他們來說，在四季變換中按部就班，才能讓人過得舒適、遠離煩惱。改變不免帶有風險，風險帶來危機，危機意味著死亡威脅。

不過，經歷了那麼多事，每個人對自己都有了更多了解，改變已經發生，他們知道無論風險多大都必須往前走。大家都成長了，學會將孩提的想法拋開。因此，每個人都擬定了計畫，只是還未說出來，彼此分享。

「由我開始說嗎？」一向親切的鼴鼠問。大家一致贊同，於是鼴鼠說：「我計畫回我的老家——鼴鼠隱園，要把那裡變成一家餐廳。」

事先不知情的河鼠脫口而出：「但你對烹飪一竅不通！你連煮蛋都不會！」

鼴鼠低聲說：「煮你個頭！」然後大聲說：「我不負責煮，我有一個很好的廚師。還記得水獺的小兒子波利嗎？他有一次走失，被我們找回來？他現在長大了，很有天賦。能做出最美味的魚料理，甜點也很好吃，拿手菜是麵包和奶油布丁。餐廳很快就要開張，取名『加里波底』[1]。」

河鼠說：「我想起來了，我只去過你家一次，很舒適，空間充分利用，花園裡還有加里波底的半身像。」

鼴鼠開心地笑了，「河鼠，我好高興你記得。你還記得花園的其他部分嗎？邊緣用貝殼鑲嵌的金魚池塘，還有一顆鍍銀的玻璃球，反射出來的東西全部都變形。餐廳就是要開在那裡。水獺出資和我合

1 加里波底（Giuseppe Garibaldi）是義大利建國三傑之一。

夥，我負責管理，波利擔任廚師。」

老獾說：「太好了，我會經常光顧的。我最喜歡吃吃喝喝了，真的。」老獾有時候真是俗氣得可以。

蛤蟆說：「我也會去，這個點子太棒了。何時開張？」

「大概在秋天。你知道，那時多數動物都放慢節奏、安靜下來，才能欣賞鼴鼠隱園特別的氣氛。」

「我完全懂。」老獾很喜歡鼴鼠地底下的家。

鼴鼠繼續說：「到了春天。我們會提供野餐提籃，冷牛舌冷火腿冷牛肉醃黃瓜沙拉法式麵包水芹三明治罐頭肉薑汁啤酒檸檬汁汽水……等。」

河鼠心想：真不知他這點子是從哪裡來的？河鼠想起第一次在河邊一起野餐的情形，但沒有說話。

鼴鼠停下來。他以前害羞得多，很少說話，他發現自己最近不太一樣。現在他成了大家注意的焦點，正清楚而有趣地描述他的計畫，他很久沒有感覺這麼自信和快樂了。

他傾身向河鼠低聲說：「你會來吧，河鼠！」

「當然，我會是最忠實的顧客。」河鼠露出愉悅的笑容，兩人都知道彼此堅定的友誼會一直維持下去，雖然鼴鼠將要回家了。

蛤蟆問：「那你呢，河鼠？現在只剩你一個了，你要做什麼？」

河鼠費力地嚥了口口水。他早就預料到這一刻會有些尷尬，但還是得面對。他避開朋友的眼神，凝視著空中說：「我要離開河岸了！」

「你說什麼？」老獾的語氣非常嚴肅。

「我要離開河岸，我要搬到南方灰色的海岸小鎮。那是一個有港口的美麗城鎮，海港的一邊很陡峭，有高高的石屋，還有一路延伸到岩石邊上的花園。」河鼠的語氣愈來愈高昂，想像他所描述的那個地方時：「那裡的石階旁茂密地長著一叢叢粉紅色的紅纈草，往下看會看到藍色的海閃爍在樹叢間。港灣裡有很多小船，繫在舊海堤的圍欄上。不斷有小型渡船來回穿梭，載送人們去工作和回家。」河鼠的眼睛閃閃發亮。

「走出小鎮，可以到美麗的海邊抓蝦，自然有人會用托盤端奶茶過來，你可以坐在岩石上享用。到了春天，所有的樹林和崖頂邊的小徑都長滿報春花和三色堇，你可以爬上去遠眺來自世界各地的船隻進出港口，鼓起的白帆宛若天上的雲朵。」河鼠停下來。朋友都知道他喜歡寫詩，但這是第一次聽他這樣說話，大家都聽得如痴如醉。

蛤蟆輕聲問：「但沒有我們在旁邊，你不會孤單嗎？」

「一點都不會，因為我將和一位老友重逢。他是來自伊斯坦堡的海鼠，我好多年沒見他了，最近他從南方那個海岸小鎮寫信給我，提供我一份工作。他經營一間書店，叫做『旅行者』（Wayfarers All），專賣旅遊相關的書，他要我去管理。書店似乎就在教堂對面，走路一分鐘就到碼頭。我將住在書店樓上，那裡與我最喜歡的河岸很不一樣，但我想試試看。」

鼴鼠說：「河鼠，你讓我很驚訝，真的。但剛剛聽你敘述，我想起很久以前你也曾經沉迷於你所謂的『南遷』，我為了讓你恢復理智，還差點和你吵起來。你確定這不是另一次南方熱？」

河鼠微笑地說：「不，鼴鼠，這次很不同。那些記憶確實在我心中，事實上，我就是在那回第一次遇到那位經常航海的朋友亞利山卓（Alessandro）。自從那次之後，我仔細考量過自己想做什麼，以及這項改變將如何影響我的人生。鼴鼠，你永遠會是我的好友，但我必須往前走。而且……」河鼠低聲說：「我打算要寫一本書。」

「關於哪方面？」蛤蟆問。

「也許寫你，蛤蟆。和你，老獾。還有你，小鼴，以及我們經歷過的所有事。因為無論發生什麼事，那些記憶是如此鮮明，我可以在腦中放映一遍，就像電影一樣。」

「書名是什麼？」

「現在還不確定，也許叫《樹叢中的微風》。」

老獾輕蔑地說：「聽起來不怎麼樣，必須更動人才能吸引大眾的注意。何不取名《船與獾》？聽起來有趣多了。」

河鼠說：「再看吧！如同我剛剛說的，我還沒決定。但如果我真要寫書的話，一定就能想出好書名。」他原本以為，要將離開的消息告訴朋友並不容易，剛開口時他感到極端焦慮。但說出來之後，他很清楚自己要說什麼，也自認說得很不錯。事實上，他在臥室對著鏡子練習過，直到自己講得順暢自如，甚至還設計好何時要把語調放輕、何時要停頓，以製造戲劇的效果。事實證明效果很不錯。但他心想，

「可不要效果太好了，我不希望他們放假時一天到晚來找我。」

服務生又送來咖啡和小蛋糕，每個人都自己動手拿。蛤蟆和鼴鼠細問河鼠的計畫，老獾不耐煩地坐在一旁，刻意看著自己的懷錶。

他說：「我想你們應該都很好奇我打算做什麼？」

「當然，」蛤蟆熱情地說，「你知道我們都很想知道。只是鼴鼠和河鼠的計畫太意外又太精彩。」

「你不認為我的計畫會意外又精彩，是這樣嗎？」老獾挑釁地問。

河鼠說：「當然不是，告訴我們你的計畫吧！」鼴鼠也禮貌地露出感興趣的表情看著老獾，心想，別再幼稚了！

老獾的態度緩和了些：「好啊，但你們大家都要注意聽，就像鼴鼠一樣，因為我有很重要的消息要宣布。」大家都神色一正，像剛剛挨了校長一頓罵。

「你們都知道，多年來我投入很多時間在本地的公共事務上，我很自豪能代表野森林裡許多純樸且多半都很誠實的居民。目前有很多重要的事情需要處理，例如阻擋開發商在森林邊緣建造可怕的別墅，因為那會逐步侵蝕我們的居住地；另外也要阻止他們建造通過森林的公路，那公路可是給你那讓人頭疼的汽車用的，蛤蟆。」

蛤蟆正要抗議，說那是很久以前的事，現在他到哪裡都騎自行車，但老獾嚴厲的眼神和高揚的語調讓他說不出話，露出得體的道歉表情。但蛤蟆知道他說的是事實。老獾是元老，可以想見野森林裡很多小動物都期待老獾在本地事務上扮演帶頭的角色，也覺得在他的保護下很有安全感。

老獾被選入教區議會，之後又進入野森林地方議會，很用心保

護森林與居民的權益。他若生在另一個時代，很可能會是「環保人士」。對老獾而言，保護大家日常居住與賴以維生的棲息地是很自然的事。

老獾的半圓形眼鏡架在鼻子前端，流露出智慧與權威，他說：「我一直相信應該建立所有人共同的國家，也就是共同的森林。我們必須將所有的人結合起來，不要讓大家走向分裂各成派系。我們有幸享用這世界的好處，當然有責任幫助可憐的貧民，成立本地的森林醫院是我貢獻的一己之力，我很榮幸擔任醫院董事長。」他停下來，等著一輪掌聲，但並沒有人鼓掌。

「真讓人受不了！」鼴鼠心想，「他這個古板的保守黨，剛剛好像在發表競選宣言。我可不要聽這個，難道他把我當成他那些可憐的貧民？我要跟他說個清楚！」但是老獾繼續說下去，讓他沒有機會打斷。

「在適度關切弱勢者的前提下，個人的自由只能在法律的架構下存在，違法者必須依罪行輕重接受處罰。」

聽到這些，蛤蟆的臉色瞬間變白，拉扯著領結彷彿呼吸不順暢。腦中想起出庭面對法官以及之後入獄的記憶，讓他滿懷恐懼。

河鼠說：「我說老獾，你太過火了！別忘了誰在這裡。」

老獾立刻停了下來。雖然他時常自大又跋扈，但有時也很溫暖，會關懷別人。「蛤蟆，我不是在說你。我剛剛沒有多想，實在太不小心了，請原諒我。」

「沒關係，」蛤蟆說：「但我對那件事還是很敏感。」

老獾說：「當然會，我總相信一個人只要像你一樣做到改過自新，那他之後就能完全恢復正常生活，重新融入社會。」聽到這樣和善、慷慨的言詞，蛤蟆感覺好多了，為自己再倒一杯咖啡。

老獾繼續說：「當我被任命為本地議員的主席時，我覺得，我所從事的各種活動加在一起——容我這麼說——似乎我這一輩子都在為民眾服務。」

鼴鼠知道老獾很為自己的成就驕傲，對於他從事的活動與職位一點都不謙虛。鼴鼠記得清清楚楚那次可怕的歷險，也是他第一次見到老獾的時候，他看見老獾家深綠色大門掛著拉鈴，上面有一塊銅牌——最近換上新的，上面整齊刻著方正的大寫字體，「老獾先生，太平紳士」。

蛤蟆這時已有些不耐煩，「你是說你將繼續一直在做的事囉。」

老獾嚴厲地看他一眼，蛤蟆趕緊加一句：「倒不是說那有什麼不對，一生投入服務，貢獻社會，這事很重要。」

鼴鼠開始吃吃笑，河鼠在他的小腿舊傷處用力踢了一腳，他立刻停止。

「如果你願意用心聽，你會聽出我將要宣布的真正重要的消息。」大家都期待地等著，老獾的表情非常鄭重，「我被推選為下一屆的議會候選人了！」有一瞬間，大家都沒說話。接下來是一片歡呼聲，大家走向老獾和他握手，拍拍他的背恭喜他，從頭到尾老獾都很開心。

河鼠說：「我很能想像你當我們的議員，你一向很會演講，百分之百正直，而且真心關切河岸與野森林的每個人。」

儘管政治觀點不同，鼴鼠也清楚老獾是個好人，忍不住大聲說：「為老獾歡呼三聲！嘿嘿好嘿！嘿嘿好嘿！嘿嘿好嘿！」

老獾被這自然流露的感情和敬意感動了，掏出隨身帶著的紅色棉手帕擦眼淚。大家談得很熱絡，每個人都說老獾會是很好的議員，這個消息一點都不讓人意外。老獾則說很歡迎大家來幫忙，諸如寫寫信封

上的住址之類。談話漸歇，蛤蟆發現三個朋友都以期待的神情看著他。

鼴鼠說：「說吧，蛤蟆，我們都等著聽你的計畫，我相信一定很精彩。」

可憐的蛤蟆！他一直害怕這一刻，讓他想起另外一次他曾有機會以過人的機智和歌聲讓大家驚豔，但經過考慮還是放棄了。那是幾年前了，那次他舉辦餐宴慶祝重新奪回蛤蟆莊園。就像現在一樣，他很想上台發表一篇文情並茂的演說，或以優美的男高音唱一首動人的歌曲，給朋友一番驚喜。

但現在他知道這是不恰當的，也無法表達他真正的意思。搞笑專家、變裝大師、公路殺手——那樣的蛤蟆是不真實且危險的。每當他嘗試扮演這些角色，結果總是以眼淚收場，或者甚至更糟糕。上一次餐會他表現得謙虛無私，只因為他害怕惹得老獾不快或發怒，在他眼中，老獾形同嚴厲、好批評的父母。

他刻意告訴自己不要做愚蠢的事，同時想起主日學學到的玻里加主教（Polycarp）的故事。玻里加是可敬的聖人，但很少人記得他。玻里加正要殉道時聽到一個聲音：「要堅強，玻里加，拿出勇氣來！」蛤蟆同樣告訴自己：「要堅強，扮演好蛤蟆這個角色！」

「各位，」他低聲但堅定地說：「我確實擬定了一些計畫，對我的人生將會有很大的影響，你們聽了可能會覺得很無聊。事實是我有一份工作了。」

「什麼？」老獾驚訝萬分，「你是說你要從事有酬勞、能賺錢的工作嗎？」

「是的，」他堅定地直視老獾的眼睛。「事實上，已經開始了。」河鼠在位子上快坐不住了，心想，蛤蟆果然能讓人大吃一驚。

河鼠問：「但是什麼工作呢？你到底要做什麼？」

「我要投入房地產管理。你們都知道，我花很多時間管理蛤蟆莊園，我並不是一天到晚都在玩篷車和開快車。」蛤蟆故作嚴厲狀地看著鼴鼠，但忍不住開始笑起來，然後鼴鼠也一起大笑，接著所有人都笑了。（他心想，這樣真好。記憶中，這是第一次他們和我一起笑，而不是在笑我。）

「講認真的，各位，蛤蟆莊園有很多工作要做，要監督農場妥善管理、砍伐和栽種樹木等等。我找了幾個人合作，運用父親留給我的錢，我們將成立自己的房地產公司。由於我的經驗比較特別，我會負責較上端的市場，如河岸宅邸和鄉居社區。」（鼴鼠心想，說是勢利端還差不多。）

老獾說：「我得告訴你，蛤蟆，我很高興也很安慰。我相信你父親也會一樣開心，而且很驚訝。做得好！」這些話聽在蛤蟆耳裡簡直如聽見天籟。

「你的公司要叫什麼名字？」務實的河鼠問。

「叫做『騎士、蛤蟆和誠信』，辦公室設在倫敦，目前正在談河岸街（Strand）的房子。」

「你是說倫敦嗎？」鼴鼠的語氣有些焦慮，「那不是我們從來沒有去過甚至提過的大世界（Wide World）？」

「胡說！」蛤蟆意氣風發地說：「關於大世界有太多無意義的流言。當然，如果你還小，又只住過狹小的社區，會感覺那裡看起來很大、很危險。但經過一段時間你就會找到自己的位置，扮演更重要的角色。我相信我在那裡可以有更大的自主性，當然也更有機會。」

（鼴鼠心想，他說的也許對，但我很高興我沒有要搬家。我了解

河岸，河岸也了解我。如果這是狹小的社區，我百分之百選擇這裡。）

「那你會住在蛤蟆莊園嗎？」河鼠問。

「不會，我把它賣掉了。」

這個消息讓大家陷入震驚與沉默。

老獾嚇壞了，「你做了什麼？賣掉蛤蟆莊園？你知道他們會怎麼處理的，不是嗎？他們會把它變成飯店，老天保佑，千萬別變成野生動物園，讓不該來的外來動物全跑來。」

「鎮定點，老獾，」蛤蟆非常高明地控制住場面。「我賣給一群商人，他們要把它變成管理學院。我們已經協議好，主建築不能更動……」

「必須是這樣，」老獾打斷他，「那是登記有案的建築。」蛤蟆很鎮定地繼續說：「他們當然會增建臥房區和其他設施。坦白說，我覺得卸下了肩上的重擔。蛤蟆莊園的維護費用愈來愈高，西樓需要整修屋頂，廚房也必須全部翻新。」

「那你要住哪裡？」鼴鼠問。

「我已經在村裡買了一間房子，舊牧師住宅，你一定知道那裡。那是一棟維多利亞後期風格的建築，很不錯，花園不致太大，景觀很好，可以看到整個山谷。這樣我可以輕鬆走到車站，搭火車到市區。」

「應該是搭頭等艙，而不是站票吧！」河鼠的語氣有些尖銳。

蛤蟆本要發怒，但卻笑說：「是啊，我還是有能力舒舒服服地搭車，不會再偽裝成洗衣婦了。」

鼴鼠說：「蛤蟆，你一再讓我驚奇！從多年前認識你到現在，我一直覺得你很有意思，非一般人可比。我知道你惹了不少麻煩，但至少你的生活很精彩。和我比起來，我覺得你充分體驗了人生的滋味。你不會覺得這新的生活有些無聊嗎？只是當個『城市裡的有錢人』？」

「鼴鼠，你的觀察力真是太敏銳了！你說出我的想法，但我一度不敢自己承認。我這輩子確實很精彩：偷車、越獄、造型百變、智勝警察。的確，我確實活得很刺激！」蛤蟆的聲音愈來愈上揚，開始自誇自擂起來。但他很快就察覺到，趕緊恢復較平和的態度。他咳了幾聲，繼續說：「我決定參加本地的業餘戲劇社，這樣就可以在台上扮演各種角色，而不致於在現實生活中混淆不清。我一點都不敢自大，經過謹慎的試演，他們決定讓我在下一齣戲裡擔任主角。」

「太好了，蛤蟆，不愧是原來的你！」朋友齊聲稱讚，看得出真心為他高興。「你要飾演什麼角色呢？」

「海盜，我會戴一頂帽子，上面有骷髏和交叉的骨頭，穿條紋衫，還有戴眼罩。」

「唱一段來聽聽嘛，拜託！」鼴鼠懇求。

「唱嘛！」老獾說：「這可是我最喜歡的喜歌劇之一。」蛤蟆說：「好吧，但你們要跟著合唱。」他沉默了一下，開始唱起來，聲音清澈優美，恰到好處地表現出模仿英雄的滑稽風格。每唱一句，其他人便合唱下列歌詞：

蛤蟆：我是海盜蛤蟆。

其他人：為海盜蛤蟆歡呼。

全部：身為海盜，奇妙無比。

這時所有人都又笑又唱，蛤蟆興高采烈，幾乎要把第一幕全部唱完，突然有人敲門。那位老服務生走進來，帶著歉意說：

「抱歉，各位，你們結束了嗎？我們得整理房間，為晚上活動做準備。」河鼠看看錶，沒想到已將近六點了。大家各自拿了外套，互道再見，走進清朗的寒夜。

計程車已在院子等了一段時間，這時開到前門來，鼴鼠和老獾坐進去。司機原本要抱怨讓他等那麼久，看到老獾便改變主意，還向他們道晚安。車子開走時，鼴鼠對著窗外揮手。河鼠漫步在路上，擺動手中的柺杖，想著夏天在海邊的情形，盤算著搬到南方後要買哪一種船在海港裡航行。

蛤蟆用別針別好褲管，從外套口袋拿出扁帽，調整到適當的角度，坐上腳踏車朝蛤蟆莊園騎去。他滿腦子想著未來的計畫，感覺心情很好。他回想朋友聽到他要創業的反應，尤其是老獾對他說的話。這老傢伙畢竟不算太壞，我剛剛和他的應對還不錯。他不自覺哼起多年來已被遺忘的曲調，歌詞他記得很清楚，便很愉快地輕聲唱了起來。

這世界英雄眾多，
史籍歷歷可數。
留名青史第一，
誰與蛤蟆相比。

唱完自己開心大笑。「有點好玩，詩還真寫得不賴。」他決定把剩下的全部唱完，反正四下無人，這一次他放大音量，騎到蛤蟆莊園車道時才唱畢——氣喘吁吁但很快樂。

牛津的智識菁英，
飽讀經書無所不曉。
若要比聰明才華，
不抵蛤蟆一半之多！

坐困方舟的動物，
流著眼淚嚎叫著。
是誰高喊「陸地在前方」？
又是振奮人心的蛤蟆先生！

軍隊邁步前進，
一致向他敬禮。
那是國王？抑或將軍？
不，他是蛤蟆先生！

皇后與嬪妃，
臨窗勤做女工。
她喊：「看哪！是誰如此俊朗？」
嬪妃齊答：「蛤蟆先生！」

國家圖書館出版品預行編目資料

蛤蟆先生去看心理師：羅伯．狄保德 (Robert de Board) 著 張美惠 譯一初版 .-- 臺北市：三采文化股份有限公司，2022.01
面： 公 分 .—(Mind Map：234) 譯 自：Counselling for Toads : a psychological adventure
ISBN 978-957-658-739-9(平裝)

1. 心理諮商 2. 心理治療 3. 通俗作品

178.4 110021654

suncolor 三采文化集團

Mind Map 234

蛤蟆先生去看心理師

作者｜ 羅伯．狄保德 (Robert de Board) 譯者｜ 張美惠
副總編輯｜ 郭玫禎 插畫｜ Dinner Illustration
美術主編｜ 藍秀婷 封面設計｜ 池婉珊 內頁排版｜ 周惠敏
版權負責｜ 杜曉涵 行銷經理｜ 張育珊 行銷副理｜ 周傳雅

發行人｜ 張輝明 總編輯｜ 曾雅青 發行所｜ 三采文化股份有限公司
地址｜ 台北市內湖區瑞光路 513 巷 33 號 8 樓
傳訊｜ TEL:8797-1234 FAX:8797-1688 網址｜ www.suncolor.com.tw
郵政劃撥｜ 帳號：14319060 戶名：三采文化股份有限公司
初版發行｜ 2022 年 1 月 26 日 定價｜ NT$400
18刷｜ 2024 年 3 月 5 日